ポストM&A

Mergers: Leadership, Performance and Corporate Health

リーダーの役割

デビッド・フビーニ｜コリン・プライス｜マウリツィオ・ゾロ＝著
横山禎徳＝監訳　清川幸美＝訳

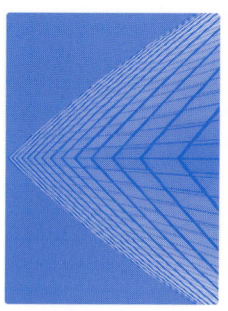

FIRST
ファーストプレス

Mergers
by
David Fubini, Colin Price and Maurizio Zollo

監訳者まえがき——合併におけるトップ・マネジメントの役割

われわれは「M&A」と言い習わしているが、日本では、A（Acquisition：買収）より、M（Merger：合併）が多いのはご存じのとおりである。買収、とくに敵対的買収は相変わらず難しいが、一方で、昔から大型合併は存在し、近年その数は増えている。

果たしてそれらの合併は成功しているのだろうか。外から見る限り、企業としては機能しているのだから失敗とは言えないだろう。しかし、「たすきがけ人事」や「二つの人事部の存在」などと世間で揶揄されたり、出身会社別派閥の存在や、それが社長の後継者選びに影響しているなどのうわさも流れてくる。要するに、二つの会社は時間がたっても真の意味で一つの会社になっていないところが多いのである。

たしかに「1+1=2」という単なる足し算でも企業は成り立っていく。規模の大きさがすべてである場合、それでもいいのかもしれない。しかし、そのために発生するマイナス面は、たくさんある。重複が増えて規模の経済が効かない、調整にかかる時間が増えて効率が落ちる、簡単に覚えられない長たらしい名前や聞き慣れない名前に会社が変わり顧客に不便をかける、頭に描いていたキャリアパスがわからなくなり不安に駆られる社員が増えてモチベーションが落ちるなど、実際に考えてみると、あまりいいことなしである。

合併とはそんなものだ、買収なら好きなように組み立てられるが、合併は相手を立てないといけないのだから、すべてが理想どおりいかないのはしようがない。このようにあきらめているトップ・マネジメントも多いのではないだろうか。

しかし、合併でも買収でも、相手企業や顧客をよく考え配慮するのは同じであり、しかも、もっとうまくやれるのである。それを本書の著者、デビッド・フビーニ、コリン・プライス、マウリツィオ・ゾロの三人は描いてみせてくれる。

とは言っても、このとおりやればうまくいきますよというテンプレートを統合作業チームに提供しようとしているのではない。著者が指摘するように、世間には賢い合併の方法を教えてくれる書物は十分存在する。具体的な知恵も書いてある。経験豊富なコンサルタントを雇うこともできる。だから社内に優秀な統合チームをつくり、そのチームに十分な権限を与え、自分は最初にきちっとした方向づけを行い、定期的に状況報告を聞けばいいとトップ・マネジメントは考えがちだ。

だが、それではうまくいかないのが現状なのである。

合併後の、外部の投資家やアナリストの目に見える業績の向上を超えた、長期的な「会社の健康」こそ大切だと著者は訴える。「会社の健康」は外からわかりにくいだけでなく、社内でもはっきりと目に見えるような代物ではない。統合チームは計画をつくったり、業績をモニターしたり、人事評価をするプロセスをつくり上げることはできるが、新会社の文化や価値観、目的意識をつくり上げることはできない。

「会社の健康」に影響するような微妙な判断ができないからである。それこそがトップ・マネジメントの役割であり、責任なのだ。だからこそ著者は、この本をトップ・マネジメントに読んでもらいたいと思っている。

日本のトップ・マネジメントは、「ジョイベン」と言い習わされた合弁事業をはじめとして、企業対企業の付き合いに長年かかわってきた。しかし、その成功例はあまり多くない。存続はしていても、内部は惨憺たる状況であることも多い。トップ・マネジメントは合弁の交渉やその経過には大変熱心にかかわるが、いったん合弁契約が締結されると、自分の役割は終わり、後は部下たちがうまくやればいいと思っていたのが原因だ。

今日になってもこの傾向はあまり変わっていない。合併においても同じことが起こっている。合併戦略の立案や交渉には、トップ・マネジメントは十分すぎるくらいの時間を使うが、いったん合併が決まると、ほっとしてしまうのか、その後の合併作業を「優秀」な部下による統合チームに任せてしまいがちなのである。

トップ・マネジメントは、合併の成功確率が合併後の経営にかかっている点をもっと認識すべきである。合併契約が成功を約束するわけではない。このごく当たり前の事実を肝に銘じるべきだ。合併は合弁と違って、うまくいかなければ関係を解消すればいいというわけにはいかない。したがって、失敗とは言えないが、決して成功していない合併は結構ある。そして、社員が人には言えない不幸をかみしめている。

そのような状況を避けるためにトップ・マネジメントがやるべきことが実はたくさんある。その実施に当たっての知恵は、経験の蓄積と反省に由来するからだ。他人の経験は十分勉強する価値がある。それは一般論的教訓を知ることとは違う。

たしかに、トップの初期段階での方向づけ、速やかでメリハリの利いた合併の事務作業、優秀な人材の発見と動機づけによる確保など、一般的に重要なことも大切だ。しかし合併の最大の問題は、すべてのケースが個別具体的であり、一般解では解決不能か、あるいは解決策がわかっても度胸が出ないで逡巡するような場面が数多いところである。

それをすべてミドルマネジャーの判断に任せるわけにはいかない。いくら優秀であっても、多くのものにとっては初めての経験であり、決心できない事項はたくさんある。そのような場合、決断をして、「背中のひと押し」をするのがトップ・マネジメントなのである。

そんな難題を、定期的な会議で部下の報告を聞きながらやれるほど経験豊かなトップ・マネジメントは世界にいない。まして日本にはいないのである。

トップ・マネジメントは、現場にいて、自らも初体験の事柄を経験しながら、生き生きとした判断をしていく必要があるのだ。

著者は、あの手この手を使ってトップ・マネジメントの優れたかかわり方の重要性を読者にわからせようとする。それは経営コンサルタントとしてかかわった企業のトップ・マネジメントの行動の観察と、その際に経験したもどかしい思いから来るものであろう。

この本には、優れたトップ・マネジメントの事例が数多く出てくる。しかし、その裏には、語られることのない、あまり優れていないトップ・マネジメントがもっとたくさんいたはずである。その語られなかったタイプのトップ・マネジメントを減らしたい、それこそ著者たちの真の願いなのであろう。

二〇〇七年四月

横山 禎徳

本書について

企業の合併・買収（M&A）に伴う統合プロジェクトを成功に導く方法については、膨大な数の書籍や記事が出版されている。そのほとんどは、プロジェクト管理の難問に立ち向かう統合マネジャーが対象だ。ステップごとに説明した手引書もあれば、成否を決するという「ヒント」や「秘訣」を中心に書かれたものもある。M&Aの試練に初めてさらされている人々が念頭に置かれ、基本的な知識の説明に終始しているものが多い。

本書では、まったく異なる新しいアプローチを提案したい。もちろん主題はM&Aである。とは言っても、統合プロセスの指南書にするつもりもなければ、統合チームのマネジャーやメンバー向けの本を書くつもりもない。本書が想定する読者はCEO（最高経営責任者）を中心とした上級マネジャーであり、それも過去に自ら統合プロセスにかかわったベテランであるだけでなく、統合プロジェクトの遂行に当たる有能なマネジャーを実働部隊に持つCEOである。

統合プロジェクトのマネジメントは近年ますます高度化している。とくにシナジーに関しては、多くの企業が以前よりはるかに厳しい態度で臨んでいる。目標とするシナジーを明確にし、その達成に向けて躍起になっている。一方の金融市場も、企業が公約として掲げたシナジーを精密に評価する能力を高めてきた。実際に、達成可能かつ十分な裏づけのあるシナジー目標を掲げ、確実に実現していく企業が増えている。

しかし、シナジーで最高の実績を挙げている当のマネジャーたちからは、シナジーだけに焦点を絞る危険性を指摘する声が上がっている。シナジー目標を達成した、あるいは上回りさえした点では成功とされるはずの統合が、より幅広い観点からは、どんなに公平に見ても失敗と評価されることがあると実感しているのだ。一見したところ成功と思われる合併が、実際にはさまざまな形で会社を弱体化させる。長期的に見ると、実現したシナジーの利益を帳消しにすることもある。それどころか、たちまち利益が失われることさえある。

本書では、このような合併を「不健康な合併」と呼んでいる。

もちろん、ビジネス出版業界がこぞって取り上げるような紛れもない大失敗は、そうした不健康の最たるものだ。壊滅的な結果に終わった事例は、合併そのものの評価をも引き下げる。たとえいくらかのシナジーがあったとしても、目標には遠く及ばないのが普通なのだ。

しかし本書の関心はこの点にない。十分な経験と実行力ある読者を想定しているからである。つまり、過大な買収価格を払う、あるいは企業統合のベストプラクティスを無視するといった、悲惨な結果を招く失敗には無縁の人々だ。

このような合併に成功した上級マネジャーに、統合の数年後に話を聞くと、その発言はシナジーの数値にとどまらない。合併のそもそもの動機となったあらゆる期待に照らし合わせて結果を検討し、想定外の事態に遭遇したことを話してくれる。話題に上るのは、ブランドや顧客関係の強さ、マネジャーや従業員の士気と定着率、合併会社の顧客サービス、新製品や新サービスの導入、品質やコスト目標の達成、ビジネスパートナーとの関係、投資家や金融アナリストの評価などである。さらに、合併会社のエネルギーや企業家精神のレベルといった、きわめて主観的な要素についてコメントすることもよくある。

こうした対話を重ねるうちに、シナジーの観点から見た合併の成果だけではなく、合併が企業の長期的な健康に与えた影響について幅広く質問することによって、多くの点が明らかになることがわかった。そういう質問には、統合のプロセスでどのように価値が創造されたか、あるいは破壊されたかについて、さまざまな意見を引き出す力が秘められているのだ。

もう一つ重要な点は、健康になぞらえることで、「健康」という概念が暗黙のうちに突きつける問いに向き合わざるをえなくなることである。なぜ会社の健康を損なわないことだけに目標を限定するのか。なぜ合併をどちらの前身会社よりも本質的に健康な合併会社をつくり出すチャンスととらえないのか。合併は、プロジェクトのシナジーが過去の記憶になった後も、ずっと成長し続ける健康な会社をつくる願ってもないチャンスなのだ。

「真に健康な合併」この崇高な目標は達成可能だと信じている。

そのために上級マネジャーは、関心の対象を変えなければならない。これまでは統合の実務に当たるマネジャーとチームが関心の中心だった。しかしこれからは、近年急速なペースで有能になっている彼らではなく、上級マネジャー自身が合併において担うべき役割を重視する必要がある。一般的に統合のマネジメントは、合併にかかわる最上層部のリーダーシップより、はるかに急速な進歩を遂げている。その差を縮めるには、上級マネジャー自らが、独創的でエネルギッシュなリーダーの役割を定義する必要がある。本書はその概要を示すものである。

テーマの性質上、最初にいくつかの概念を明らかにする必要はあるが、あくまで本書はリーダーシップの応用ガイドであり、マネジメント理論の論文ではない。そのため内容の大半は、外部の利害関係者（ステークホルダー）の声を代弁することや、新しいパフォーマンス文化を確立するといった、具体的なリーダーシップの課題に関する議論に充てている。抽象的な言葉を連ねたリーダーシップ論ほど退屈なものはない。リーダーの行動を論じるには、具体的な状況に置いてみるしかないからだ。

この本を手にした読者は、おそらく大きな統合に直面していて、プロジェクトを成功に導くためにリーダーが取るべき有効なアプローチとは何かを一刻も早く明確に把握しなければならない人たちだろう。それを手助けするために、確かな根拠に基づいて本書を著した。

まず、合併の成果の調査としては史上最大規模と自負する綿密な調査を行った。数百件に及ぶ合併統合案件を担当したマッキンゼーのコンサルタントを対象に、各事例の実態と結果を詳細に調査したのである。また、著者が熟知している合併に関する学術研究の成果もふんだんに活用している。

とりわけ重要なのは、統合に深くかかわった経験を持つ上級マネジャー約三〇人に、対話のパートナーとして参加してもらったことである（次のページのリストに示した役職は、インタビュー当時のものである）。

こうした合併のベテランの経験と考察に広く頼らなければ、このような本は決して書けなかっただろう。しかしその役割は、読者に具体的な答えを示すことではないし、ましてやリーダーとしてのベストプラクティスを授けることでもない。リーダーにさまざまな行動の可能性を提示することなのである。

著者と同様に、読者も彼らから多くを学べるはずだと信じている。だが、読者が直面している課題は、彼らが直面したものとまったく同じであるはずはない。読者は自ら新しいリーダーの役割を定義できるし、またそうしなければならない。それどころか、大きな統合プロジェクトに取り組むたびに、新たに定義し直さなければならないのが実情だ。

本書は飛行機のなかで読みとおせるほどコンパクトにまとめた。それもニューヨークからロンドンではなく、ニューヨークからダラス、あるいはロンドンからミラノへ飛ぶ程度の時間を念頭に置いている。そのために、いくつかの表現を簡略化する必要があった。

「合併」と言うときは、おおむね「合併と買収」を意味している。大きく合併と買収に分けても、その間には重要な違いがあり、それぞれにもいくつか異なるタイプがある。しかし、出てくるたびに区別していては、文章が冗長になり読みにくくなってしまう。「ＣＥＯ」と言えば、

アリステア・イムリー …………	ＢＡＥシステムズ、グループＨＲディレクター
ウィリアム・ハリソン …………	ＪＰモルガン・チェース、会長兼ＣＥＯ
エリック・ベナムー ……………	スリーコム、会長兼ＣＥＯ
グレッグ・ヒル …………………	ロイヤル・ダッチ・シェル、シェルとエンタープライズの合併担当統合マネジャー
ケビン・シェアラー ……………	アムジェン、ＣＥＯ
ジャン・フランソワ・ポンタル …	オレンジＳＡ、ＣＥＯ
ジョン・マグラー ………………	ディアジオ、元ＣＥＯ
ジョン・ワトソン ………………	シェブロン、ＣＦＯ兼シェブロン合併統合担当役員
スティーブ・カウフマン ………	アローエレクトロニクス、会長
スティーブ・ジョーンズ ………	サンコープ・メトウェー、マネジング・ディレクター
スティーブ・ベーム ……………	ワコビア、ワコビア・ダイレクトアクセス・ヘッド兼合併プロジェクト・コーヘッド
ダニエル・バセラ ………………	ノバルティス、会長兼ＣＥＯ
デビッド・シェドラーズ ………	ファイザー、執行副社長兼ＣＦＯ（最高財務責任者）
トーリーフ・クラルップ ………	ノルデア銀行、前グループＣＥＯ
トーレ・トーブンド ……………	ノルスクハイドロＡＳＡ、執行副社長
ドン・アーガス …………………	ＢＨＰビリトン、会長
ハンス・ゲルト・ペンツェル ……	ＨＶＢグループ、ヒポフェラインスバンクＡＧ、プロジェクトおよびＩＴコントロール担当リーダー
ピーター・ウフリ ………………	ＵＢＳ ＡＧ、ＣＥＯ
ポール・ベリクビスト …………	カールスバーグ、執行副社長
マイク・スミス …………………	アンセム、執行副社長
マイク・ターナー ………………	ＢＡＥシステムズ、ＣＥＯ
マイケル・ケイ …………………	スカイシェフ、元社長兼ＣＥＯ
マルセル・オスペル ……………	ＵＢＳ ＡＧ、会長
ラース・ノービー・ヨハンセン …	グループ４セキュリコー、ＣＥＯ
ラース・ビグ・ラーセン ………	グループ４セキュリコー、経営企画・グループプロジェクト担当ディレクター
リチャード・エバンス …………	ＢＡＥシステムズ、会長、
リチャード・Ｂ・エバンス ……	アルキャン、執行副社長
リン・ピーコック ………………	ウリッジ、ＣＥＯ兼ウリッジ統合担当ディレクター
Ａ・Ｇ・ラフリー ………………	プロクター・アンド・ギャンブル（Ｐ&Ｇ）、会長兼社長兼ＣＥＯ

通常「CEOおよび統合の成功に全般的な責任を負う上級マネジャー」を意味している。

全編をとおして、読者にとっては自明であるはずの注釈やただし書きをつけ加えたい誘惑も極力退けた。とくに、世界各地の重要な法律や規制についてのガイダンスを提供することは避けている。当然ながら、マネジャーはこれらを熟知しておく必要がある。

今日、M&Aは世界的なスケールで繰り広げられている。したがって本書では、世界中のどんな場所でも通用するアイデアを提示するよう努めた。執筆の時点で、ヨーロッパでは世界的な電気通信企業の合併と、国境を越えた銀行業の合併が、立て続けに起きている。今後は合併の波が押し寄せるたびに、グローバル化が一段と加速すると予想される。

読者自身の合併経験や、いま取り組んでいる統合についての考察が加わると、本書はさらに豊かになる。そこを出発点にすれば、健康な合併を成し遂げる方法について、同僚たちと深い議論を繰り広げることができよう。互いの経験を持ち寄り、議論を重ねるうちに、本書で提示したものを上回るアイデアが、すぐにでも湧き出てくるかもしれない。

考えられる限り、それこそ最も健康な結果なのである。

ボストンにて　デビッド・フビーニ
ロンドンにて　コリン・プライス
フォンテーヌブローにて　マウリツィオ・ゾロ

ポスト M&A　リーダーの役割

目次

第1部 健康な合併を達成するために――リーダーが取り組むべき5つの課題

第1章 【リーダーシップの課題1】トップに新会社を創造する

第4章 外部の利害関係者の代弁者になる

［リーダーシップの課題4］

第5章 統合の勢いと学習の両立を奨励する

［リーダーシップの課題5］

第2部 健康な合併を達成する前に——リーダー自身が健康になる

第6章 統合を語る言葉をマスターする

序章

The Elusive Healthy Merger

とらえにくい合併の健康状態をつかむ

合併で大きく後れを取るトップリーダー

企業の合併・買収は、平均すると、せいぜい凡庸な成果しか挙げていない。研究者やコンサルタントは、この事実を示し続けてきた。つまり合併というのは、通常はあまり勝算のない賭けなのだ。[原注1]

長年、各業界で企業合併を間近に見てきた読者なら、そう聞いても少しも驚かないはずだ。この分野に詳しい人なら、合併の成果の平均点を押し下げている重大な間違いの数々も指摘できよう。

最も深刻な間違いとなるのは、合併の条件自体がそもそも経済効果を生み出せないようなものだった場合である。そのほかによくある間違いとして、シナジーをきちんと数値化できなかった、シナジー実現についての責任の所在が不明確だった、統合を実行するチームの資源が不足していた、統合の進行中にマネジメント上層部が十分な関心を払わなかった、などが挙げられる。

こうした失敗はすべて、トップのマネジャーが必要なマネジメントを怠ったことに起因している。M&Aによる価値創造がどれほど難しいかを顧みないことが、合併の成果を引き下げる原因なのだ。買収に法外なコストを投入した挙句、統合プロセスのマネジメントをおろそかにする企業は、おそらく後を絶たないだろう。

しかし、統合の経験を積めば、このようなよくある失敗は回避できる。また今日、回避すべきポイントを学んだ上級マネジャーも増えてきている。合併相手の選択や交渉の実務よりも、身をもって統合プロセスを経験するほうが重要なのだ。実効性あるM&A戦略や、現実的な合併条件を見きわめる感覚を養ううえで、実際に二つの会社を統合した経験は何ものにも代えがたい。過去に直接統合にかかわった経験のあるマネジャーは、慎重に合併交渉に臨み、どのような価値が創造されるかについて鋭い問いを発する。

このようなマネジャーのなかには、M&Aで目覚ましい実績を残した人たちがいる。合併に携わるほかの人たちに比べ、よい結果を出すことがはるかに多いのだ。

こうしたマネジャーは合併の成果に比較的満足していると思われがちだが、そういうケースはごく稀である。統合に深くかかわったことにより「もっとうまくできたはずだ」と苦い思いを抱いている人が多いのが実情だ。

たとえば、予定より数カ月早くシナジー目標を達成でき、それを金融アナリストから称賛されれば、もちろん満足感はあるだろう。しかし合併が一段落した後、同僚と話し合ってみると、だれもが「合併会社は統合プロセスで必要以上のストレスにさらされていた」「この合併がもたらすはずの可能性が十分に結実していない」との考えがたちまち明らかになることもある。

「合併は全体としては成功だった。しかし……」というわけだ。

統合の過程では、顧客の流出や有能なマネジャーの退職が予想よりわずかに多いといった程度のトラブルしかなくても、その後、ほかの問題が浮上することがある。

たとえば、新製品投入のサイクルが鈍化する。品質管理プログラムが思うように進まない。会社の重要な機能に埋めがたいスキル不足がある。顧客からブランドの特徴が薄れたと見られる。操業コストが計画以上にかかっている。供給業者が新しい技術を導入してのコスト改善に協力しなくなるといった具合だ。

さらに頻発するのは、合併で生まれた会社の文化から、説明責任や協調性、意気込みが失われるという問題である。

ほとんど悪影響が見られなかった合併でも、貴重な機会を逃している可能性がある。クロスセリングや製品ラインの統合によって拡大すると見込まれていた売り上げが予想を下回っているかもしれない。買収会社の停滞気味な企業文化が、企業家精神に勝る被買収会社からの健全な刺激を受けつけないかもしれない。会社が抱えていた悪い習慣を合併のショックによって「解凍」しようというもくろみが外れたかもしれない。

形のうえでは二つの会社の境界が消えたにもかかわらず、それぞれが持っていたベストプラクティスが会社の境界を越えて浸透するまでに至っていないかもしれない。双方のクリエーティブな経営陣を統合して新鮮な戦略的思考を持った企業を誕生させるという希望が実現していないかもしれない。

合併を熟知したCEOや上級マネジャーは、シナジー目標や公表した統合プロジェクトの目標だけに注目していては、合併結果の全体像が理解できないことを痛感している。企業統合の「業績」は簡単に測定できるが、合併が「健康」であるかどうかの見きわめは、それよりはるかに難しいのだ。[原注2]

健康な合併は、合併後の会社のさまざまな面に大きく貢献する。たとえば、営業実績や財務実績、ビジネス関係の諸能力と技術力、利害関係者との絆の強さ、企業文化、学習する速度と内容、戦略を刷新し強化する能力などに影響する。

単に成し遂げただけの合併でも、業績指標を見れば、合併後間もなくすばらしい結果を出している可能性もある。しかし健康な合併は、その後何年にもわたって内部事情に詳しい人が厳しく精査しても持ちこたえるものなのだ。

「業績と健康」という幅広い視点で合併をとらえるには、統合が会社に及ぼしうる影響をすべて洗い出し、会社がそれらに備えてどれだけうまく対処しているかを長期にわたって評価する必要がある。

もちろんこれは、たぶんに主観的なプロセスである。しかし、合併から最大限の利益を得るのが目標なら、この視点を手に入れる以外に道はない。マイルストーンや達成目標を重視するプロジェクト型の視点も、容易に数値化できる価値創造に焦点を当てる財務中心の視点も、健康な合併を追求するためのサポートとしては不十分なのだ。

だからと言って、プロジェクトや財務の観点から合併を評価するのに意味がないと言いたいわけではない。むしろ大いに意味がある。プロジェクト目標の目に見える形での達成は、投資家からの信用を維持するためだけでなく、価値創造に弾みをつけるうえでも不可欠となる。価値創造の重要性は言うまでもない。

しかし、プロジェクトや財務の観点で顕著な業績を挙げている上級マネジャーは、自然に、業績と健康に目を向けるようになる。プロジェクトや財務上の成功だけでは満足せず、真に健康な合併を実現したいと望むようになるのだ。

> 最も優秀な統合リーダーは、従来の業績の概念を超えた「真に健康な合併の実現」に強い意欲を持っている。

健康な合併の実現というのは、内部の人間の視点であるため、金融アナリストなど、重要だが組織の外にいる人たちとは共有しにくい。このことを多くの上級マネジャーは承知している。それどころか、社内のほかのマネジャーとさえ、この視点を共有するのは難しいという。

たとえば、企業文化の変化がもたらす影響は、さまざまな相いれない解釈を生み出しがちである。統合の際に下した難しいトレードオフの決定が妥当であったかどうかが、何年も過ぎた後で再び問われることもあるかもしれない。また、全般的に合併は健康であったという意見に同僚がおおむね賛成しても、細部の評価や何を重視するかとなると、鋭く意見が対立する可能性もある。

一般的にゼネラルマネジャーには、進んでこのように複雑な判断をしようという意欲が見られる。そして今日の統合リーダーが学ぶべき最前線はまさにここにある。

合併の完了前後の決定的に重要な数カ月間に、金融アナリストやビジネスジャーナリストから高い評価を得るのは重要である。しかし、合併から二年後、トップチームのメンバーが合併のあらゆる影響を率直に議論して、細部への影響についてはどれほど意見が違おうとも、全体としては健康であったと全員が同意することとは、まったく別の話なのだ。

インタビューしたＣＥＯの多くは、この困難な基準を超えたいと強い意欲を示す。競合他社の合併成果を上回り、外から合併を見ている人に好印象を与えるだけでは十分ではないと言うのだ。

機会を逃した、リスク管理に失敗したといった後悔がまったくない、申し分なく健康な合併が実現不可能なことも、合併の後にはどうしても未解決の問題が残ることも十分承知したうえで言うのである。それでも、これまでよりはるかに健康な合併を実現できるはずだと確信しているのだ。

どうすればよいのだろうか。

この疑問に答えるため、この種のものとしてはおそらく最大規模の包括的な研究プロジェクトを実施した。三人の著者それぞれが合併統合の分野で積んできた経験を、互いに補完し合うべく持ち寄ったのである。

マッキンゼーに所属するデビッド・フビーニとコリン・プライスは、長年にわたって統合プロセスにある上級マネジャーに自らコンサルティングを行ってきた。加えて、担当した以外の事例についても、経験豊かな同僚からつねに情報を得られるパイプを持っている。

ＩＮＳＥＡＤのゾロ教授は、企業のＭ＆Ａに関する学術的な研究において優れた業績を挙げている研究者であり、長年これらをテーマとした経営幹部の訓練に携わっている。

この研究では、まず基盤として、合併の成果に関する綿密な調査を行った。これは過去に実施された調査のなかでは最大規模であるはずだ。調査の対象は、マッキンゼーが一九九六〜二〇〇一年に扱った世界各国のあらゆる業種における合併後のマネジメント事案の七八％である。コンサルタントが一件ずつ合併を分析し、戦略形成から統合に至るまでの合併のあらゆる側面に及ぶ四〇〇以上の項目からなる質問用紙に情報を書き込んだ。合併の成果は、複数の客観的基準と主観的基準に照らして評価した。

次に、調査結果を踏まえ、世界各国の有力企業の大規模な合併において統合マネジャーまたは指揮的な役割、あるいは両方を担った三〇人近くのマネジャーにインタビューを実施した。その鋭い洞察の価値は計りしれない。次章からは、その含蓄のある発言を頻繁に引用していく。彼らは健康な合併におけるリーダーシップのパイオニアである。本書の主張はその現場からの報告を最大の根拠としている。

こうした調査とインタビューから、次のような本書のテーマが浮かび上がってきた。

「健康な合併を実現するためには、上級マネジャーは独創的でエネルギッシュなリーダーの役割を自ら定義し、きわめて能力の高い今日の統合マネジャーやチームの努力を補わなければならない」

より厳しく言えば、統合チームの進歩に比べれば、合併におけるトップリーダーの進歩は大きく後れを取っているということだ。いまこそこのギャップを縮める努力を開始するときだ。

> 健康な合併のカギとなるのは、多くの統合マネジャーやチームが身につけたのと同じ優秀さを、企業のトップリーダーも身につけることである。

このようなギャップを縮めるには、そもそもなぜこれほど大きく差が開いたのかを厳しく検証することから始めなければならない。

担うべきリーダーの役割を定義しない3つの理由

多くの上級マネジャーが、自ら担うべき強力なリーダーシップをはっきりと定義しないのには、大きな理由が三つある。

① 合併を大失敗に陥れるような途方もない間違いを未然に防ぐだけで十分だと考える

② 統合マネジャーやチームの能力が向上し、統合のツールやテクニックが高度化した結果、統合はほとんどだれかに任せてしまえる専門的な課題であると思い込む

③ 真に健康な合併と、単に短期的なシナジー目標を達成しただけの合併、この二つを区別する要素があまりにも多く、漠然としているため、合併における強力なリーダーシップには何が必要なのかを定義することが不可能に思える

当然、こうした理由を一つずつ詳しく検証すべきだろう。そうすれば、健康な合併を達成するためにリーダーに求められているものが明らかになる。

① 失敗を防ぐだけで十分

惨憺たる結果に終わり耳目を引いたM&Aの事例は枚挙にいとまがない。一度も合併を経験していない上級マネジャーでも、どんな失策が大失敗を引き起こすかを知っている。

たとえば、合併そのものが、エキサイティングだが根拠のないシナジーへの期待に基づいた大きな賭けのようなものだったケース。買収コストが異常に膨れ上がり、統合はうまくいってもコストを回収できなかったケース。経験不足、もしくは過去の経験が新しい統合に直接役立たないことを認識していなかったため適切な準備ができなかったケース。さらに、合併相手に対する傲慢さから（相手側も傲慢な場合もある）、統合のリスクとチャンスを徹底的に検証する重要な手続きをおろそかにしたり、相手との間に致命的な摩擦を引き起こしたりしたケースもある。

合併の失敗を描いた本や記事には、このような間違いが大きく取り上げられている。大きな失敗劇ばかりを集めて、「こういう事態にならないように」との警告をちりばめていけば、一冊の本が書けるほどである。

自分がかかわった合併から、こうした記事の種となる失敗談をジャーナリストに一度も提供したことがなければ、上級マネジャーは誇りに思ってよいだろう。だが、それを目標にするのでは志が低すぎる。大失敗とまでは言わなくても、健康ではない合併なら、ざらにあるからだ。大きく価値が損なわれるリスクへの巧みな対処は、最大の価値の創造と同等ではないのである。

②統合は専門的な問題

ほとんどの上級マネジャーは、大失策を犯さないだけましだとは思っていない。シナジー目標に代表される業績目標を達成し、主要顧客や有能な社員を失うといった悪影響を防がなければならないと認識している。

ところが、これらを主として専門的な問題ととらえ、統合マネジャーとそのチームに任せられると考えていることが多い。プロジェクト管理のツールやテクニックが日々洗練され、高度化するなかでは無理もないかもしれない。大規模な合併統合は、ITのような技術的な分野での複雑なプロジェクトのような様相を帯びてきている。たしかに大企業の統合プロセスのマニュアルは、新しいITインフラの開発や導入に関する文書と似ていなくもない。

統合マネジャーやチームにかなりの実務経験と優れたマネジメント感覚が備わっている場合、統合の問題を任せてしまいたいという誘惑は一層強まる。「どのみち対処できない問題が起きたら言ってくるだろう。だから任せておいて、私は定例の委員会に出席し、いつでも相談に乗れる態勢にしておけばいい」と考えるのだ。

しかし、健康な合併とは言いがたい好ましくない副作用があったケースを思い起こしてほしい。統合マネジャーやチームの専門的な技量がもっと優れていたら、このような副作用は避けられただろうか。

専門的な側面が多々あるのは事実だが、二つの会社の統合とは、何よりもまず、一般的なマネジメントの問題なのだ。企業の歴史において、大きな合併ほど会社の健康状態に多くの微妙な影響を及ぼす出来事はない。

③リーダーの役割を明確に定義できない

真の価値を創造する方法がただ単にわからない上級マネジャーは驚くほど多い。過去に自ら統合マネジャーを務めた経験があり、すぐにでもまたその職務に就けるというCEOのなかにもいる。これでは健康な合併のためにリーダーができることを明確に理解するのは難しい。

現に、健康な合併を実現するリーダーシップとは何かというテーマは、マネジメント全般でも最も難しい課題の一つなのである。企業の合併についてこれだけ多くの書物が出版されているにもかかわらず、経営陣のトップが何をすべきかについてほとんど触れられていないのは、まさに大きな矛盾である。

本書はこの点での必要性に応えようとするものだ。大きな失策を避けるだけでは不十分であり、統合はだれかに任せてしまえる問題ではないと認識しているリーダーにとって、本書はパンドラの箱を開けるようなものかもしれない。合併を不健康なものにする原因は実にさまざまであることに圧倒されるだろう。どこから手をつけるべきか迷うほどだ。

合併の健康をむしばむ要因は、専門的な問題だけに限らず、焦点を絞った単純なマネジメントの解決策では対処しきれない。たとえば、顧客との関係が悪化する、研究開発などの重要な組織の機能が目標を見失うといった問題は、きわめて把握しにくい。そのうえ、このような問題発生の予測は難しく、思いすごしも多い。したがって、運営委員会の会議に顔を出し続けていれば、問題が膨れ上がって統合チームの手に負えなくなるのをチェックできると思いたくなるのだ。

たしかに、そうした「脈を診る」のもリーダーの役割の一つである。合併による統合が複雑でダイナミックなプロセスである以上、どれほど経験を積んだベテランでも予想できない事態が発生するからだ。

だが、大規模な合併には大きな利害が絡んでくる。また統合では、力強いスタートを切ることが決定的に重要である。それを考えれば、リスクとチャンスの予想まで含めたリーダーの役割を十分に定義しておく必要性は明らかだ。計画どおりにいかなくなったときに初めて対応するような、後手に回るマネジメントでは十分とは言えない。

一方、最初からリスクとチャンスがはっきりわかっていたとしても、リーダーがどのように介入し、成功に導くべきかを明確には示せない。現実世界での企業パフォーマンスを考えれば、合併はほかのことから孤立した出来事ではないからだ。

合併の影響は企業を取り巻く大きな状況から切り離して考えられない。統合の進行中も完了後も、業績は、技術の進歩、競争相手やビジネスパートナーの動き、顧客の需要の変動など、多くの外的要因の影響を受ける。企業内でもいくつかの計画が同時に進行しているのが普通であり、合併が進んでいるときに、それより早く始まった計画がまさに成果を挙げ始めていることもある。

たとえば、ある事業部門のリーダーの集中度が、がぜん高まったとする。どれくらいが合併の経験から来るもので、どれくらいが過去二年間実施してきたリーダーシップ開発プログラムの成果なのかは、だれにもわからない。

合併が会社の健康に与える影響については、明白な大失敗のケース以外、つねにさまざまな解釈の余地がある。きわめて健康的な合併からは多くの好ましい変化が生まれるが、変化の一つひとつに何とおりもの説明が可能である。シナジーの成果をわかりやすくするために、たった一種類の数値しか見ていない場合も多い。それでも、数字として目に飛び込んでくると、正確に実態を反映しているという錯覚を起こさせる。

後の章で見ていくように、合併によって会社の健康をさらに増進するには、目に見えないあらゆる要因の重要性をまず認めなければならない。それは、たとえば、ビジネスパートナーとの関係の質や、合併会社の向かう方向にマネジャーや従業員がどれだけコミットしているかといったことだ。これらは統合チームの部屋で統計を取っているだけでは決して把握できない。

数値化が目覚ましく進んでいる統合マネジメントのような分野では、数字に置き換えたためにかえって問題が見えにくくなり、後退のように見えることもままある。しかし実際には、これは前進するための要件なのだ。

健康な合併のリーダーシップとは

統合の際、統合チームでは十分に対応できないリーダーシップの課題を明確に定義し、精力的に取り組むことによって、上級マネジャーは価値を創造できる。合併の健康を飛躍的に増進させるチャンスがどこにあるかを自問し続け、そこにエネルギーを集中させるのだ。

われわれの研究から、これらの課題について一般論を引き出せることがわかった。実際にインタビューでも、五つのリーダーシップの課題が浮かび上がってきた。どの課題も、合併が会社の健康に与える多様な影響を、上級マネジャーがどれだけ理解できるかに深く関係していた。本書の大部分において、こうした課題を詳細に見ていく。

序章では、その概略を示そう。

リーダーシップの課題1（第1章）

合併完了前に、トップに新会社をつくる

統合で成功を収めているリーダーたちがまず強調するのは、合併の完了前に周到な準備をし

て、完了日までに統合を推進する勢いを十分に高めておくことの重要性である。「早い段階でゲームの勝敗が決まる」「出発点でつまずくと後で挽回するのは不可能になりかねない」と、多くのリーダーが主張している。

今日では、合併が発表されたその日から、早くも最上層部のチーム、ときにはその一、二段階下のレベルでも、統合チームを指名するのが一般的になっている。それはこうした見方を反映したものだ。ところが、この新チームは、チーム自体がせいぜい表面的にしか統合されていない段階で、早くも具体的な統合の実務に取りかかってしまいがちである。会社の頂点にもまだ存在していない「新会社」を、他のところでつくろうとするのだ。

新しいトップチームは統合の究極のテンプレートである。だとすれば、トップチームは合併会社の成功に欠かせないあらゆる特徴を体現していなければならない。さらに言えば、トップチームが新会社そのものに「なる」必要がある。真っ先にトップにつくり上げられた会社の質を上回るものが、その後ほかのレベルで実現できるとは考えにくい。トップレベルでの人選、意思の統一、役割の明確化といった人的側面の問題への取り組み方が、合併会社全体、ひいては組織の外部にまで大きな影響を与え、後に続くすべてのパターンを決めてしまうのだ。

現実には、統合の時期において、こうした問題を先送りにするか、その場しのぎの対応で済ませたいという誘惑が限りなく大きくなる。しかしそれに逆らって、徹底的に取り組まなければならない。

リーダーシップの課題2（第2章）
合併を会社の物語の一環として語る

合併の成功にコミュニケーションが果たす役割の重要性は、非常によく体系化されている。企業が合併の発表に合わせて、各利害関係者グループに向けてカスタマイズしたメッセージを発することはよくある。それを支援するため、あらゆるレベルのマネジャーに細かく役割を割り当て、複数の情報チャネルを用い、フィードバックとモニタリングの仕組みを備えた計画を立てることもある。統合に関する文献では「過剰なほどのコミュニケーション」が推奨され、実際、多くの企業でも驚くほど精巧なコミュニケーションの仕組みが生まれている。

これほど力を注いでいるにもかかわらず、合併に関するコミュニケーションが狙いどおりの効果を挙げなかったと言うマネジャーは多い。そして「過剰なほどのコミュニケーション」がまだまだ不十分だったと結論づけ、次の統合ではさらにすばらしいコミュニケーションの仕組みをつくろうとするのだ。

ほとんどの会社は、このようなコミュニケーション活動の質を高める努力によって進歩する余地はある。だが、それよりも根深い問題が潜んでいるケースも少なくない。

企業にはそれぞれ「会社の物語」がある。利害関係者グループにとって会社はどういう意味を持つか、そして会社の過去と現在をどう解釈し、将来に何を期待しているかといったことを言葉で表したものである。

ところが、合併が発表された時点で、その物語が明確でも魅力的でもない場合が多い。合併に関するコミュニケーションを受け取るさまざまなグループは、物語がはっきりしていなければ、合併を物語のなかで理解できない。

したがって、合併についてのコミュニケーションは、「私たちは何者であり、なぜこの合併を行ったのか」という高い次元での説明と、「今後何が起こるのか、この合併はあなたにどのような影響があるのか」という具体的なレベルでの説明の、二重の責任を負うのだ。

コミュニケーションだけではなく、行動をとおしても会社の物語を巧みに語り続け、「何者」と「なぜ」がだれの目にも明白で、「何」と「どのように」へ努力を集中できるまでにするのが理想である。現に、何度も買収を行っている企業のなかには、UBS AGのピーター・ウフリCEOの言葉を借りれば、それぞれの合併が「戦略的に自明である」というレベルにまで達しているところもある。

しかし、物語がほとんど浸透していない、あるいは、はっきりしていないといった重大な欠陥がある場合、それを克服するためのコミュニケーションにも力を注がなければならない。

たとえば、合併される側の会社の従業員が合併する側の会社の物語に対して根強い反感を持っていて、自分たちの物語を守らなければならないと感じているなら、コミュニケーションのアプローチをそれに見合うよう慎重に調整して対応する必要がある。

会社の物語という概念は、コミュニケーション課題のなかで単純なものと難しいものとを識別するのに役立つ。また、統合に精通したマネジャーでもコミュニケーションのルーティン化という致命的なミスを犯しやすいが、物語はこれを防ぐのにも効果がある。

会社の物語の効用は、コミュニケーションを容易にするだけではない。物語はプリズムのような働きをする。それをとおすことによって、統合のあらゆる場面に価値創造のチャンスをくっきりと浮かび上がらせる。物語がこの役割を果たせるのは、会社がどのようにして過去に価値を創造したかを物語るだけでなく、現在と未来にどのように価値を創造し続けるかを物語るからだ。

物語は、合併が単に新会社を組み立てる実務に重点を置いた統合プロジェクトのレベルにとどまらず、それを超えた次元の高いものだという事実を認識させるための装置として働くのである。

リーダーシップの課題3（第3章）

新会社に必要な新しいパフォーマンス文化に焦点を絞る

文化の統合は、合併における最も厄介な問題である。ここでは何がベストプラクティスなのかというコンセンサスはないに等しい。その代わり、文化の統合という課題をとくに取り上げて集中的に取り組む方法から、文化についてはほとんど、あるいはまったく議論せず、ビジネス目標に焦点を絞る従来の方法に至るまで、さまざまなアプローチが試みられている。両極端のアプローチとその中間のアプローチのいずれも、成功もあれば失敗もある。

文化の統合に関しては神話が二つあり、この課題について明快に考えるのを妨げている。

一つは「適者生存の神話」である。一種の自然淘汰によって二つの文化のうち強いほうが自然に優勢になるので、文化の統合をことさら管理する必要はない、というものだ。残念ながら、統合時の過保護な条件の下では、好ましくないほうの文化が支配的にもなりうる。さらに言えば、最適な結果とは、一方の文化がもう一方に勝利するという単純な図式ではなく、たいていの場合もっと複雑である。どちらの会社にも新会社に引き継ぐ価値のある文化的特徴があり、合併後も対照的な二つの文化を持ち続けることが最善の道の場合もある。そのため、買収側の大会社が、買収した会社の文化の保護に配慮しているケースは多い。

第二は「文化統合の神話」である。前者とはまったく逆の神話である。合併する二つの会社がそれぞれいくつもの国にわたって数万人の従業員を擁していて、一〇以上もの職務ごとに独自の下位文化があっても、トップチームは新会社全体にどのような文化の変化でも意のままに導入できる、というものだ。これは傲慢さの極致である。企業の文化は長い時間をかけて社内のプレーヤー全員がつくり出したものであり、企業の中枢部からプログラムできる代物ではない。また企業は文化を一言のキャッチフレーズで表そうとするが、普通は企業内部には多彩な文化のバリエーションがある。多様な文化の共存は、きわめて健康的なのだ。営業担当者と技術者がまったく同じ思考回路を持ち、同じように行動することを期待する人などいるだろうか。

文化の統合に際して最も効果が期待できるアプローチは、トップチームが企業文化の形成に積極的に関与すること、とりわけ「パフォーマンス文化」に最大の努力を傾けることだろう。「パフォーマンス文化」とは、合併会社において価値を創造するために不可欠な態度や行動の総体を指す。

ここで重要なのは、無数にある二つの会社の文化的な差異にこだわりすぎないことだ。かえって合併前のおのおののアイデンティティを強調してしまい、合併が不健康になるおそれがある。将来の価値の創造とは何の関係もない文化的な特徴をめぐって実りのない交渉を続けた結果、消耗することにもなりかねない。

スカイシェフのマイケル・ケイ元社長兼CEOが言うように、将来の成功のための文化的基盤の確立に労力を集中しなければならない。さらに、その説明はできる限り会社の外部を意識し、具体的かつビジネスライクであるべきだ。

すべての会社は合併の後も進化し続ける。市場でかなりの成功を収めた会社は、当然その成功を強化するために、さらに進化していく。したがって統合のプロセスでは、そのような成功を生む文化的条件をつくり出すことに力を注ぐべきだ。統合後、会社がどれくらい好ましい進化を遂げたかを見てみれば、合併の健康状態がよくわかる。

リーダーシップの課題4（第4章）

重要な外部の利害関係者の声を積極的に代弁する

統合リーダーは通常、利害関係者を二つのグループに分けている。

一つは従業員、投資家、アナリストからなるグループであり、マネジャーは彼らから合併の支持を取りつけるために、精力的にかかわろうとする。

もう一つのグループには顧客やビジネスパートナー、コミュニティなどが入る。マネジャーは彼らにできるだけ合併の影響が及ばないように守ろうとする。

どちらのグループに対しても、いくつかの重要なポイントについて安心感を与える必要があろう。合併による短期的な影響はあまりなく、むしろ長期的には有利になる可能性があるので心配ないと伝えるのが一般的である。そこで最も才能ある従業員は強く慰留され、最高の顧客はお定まりの印刷された手紙を受け取ることになる。

顧客やそのほかの利害関係者に合併の影響による負担をかけないという決意は、進歩であり、称賛すべきである。たしかに、統合プロセスで利害関係者に苦労を強いるべきではない。しかし、合併する二つの会社はこれらの利害関係者とつねに接触しているため、統合を通常の業務から切り離そうと最善を尽くしても、統合プロセスでは必ず起こる混乱が、相互交流に何らかの影響を与えるのは避けられない。

もっと微妙なところでは、スリーコムのエリック・ベナムー会長兼CEOが指摘しているように、マネジャーたちは合併によって新しく加わる一群の利害関係者についてほとんど知らないという事実がある。過去に一〇回以上も営業チームを統合した経験があっても、新しい合併相手の営業チームと顧客との関係にどのような重要な隠れた特徴があるかを直ちに見抜くのは至難の業だ。買ったものの中身は決して正確にはわからない。少なくとも、自分の会社と同程度に相手を知るのは不可能である。しかし統合は、そういう正確な知識がない状態で取り組まなければならないものなのだ。

むしろ、健康な合併を成し遂げるには、どんな分野でも自分の知識には限りがあるという謙虚な自覚を持って取りかかったほうがよい。統合を進めている間に、競争相手に狙われるおそれがあるのはどこか。どの顧客との関係が脆弱か。双方のブランドで最も保護しなければならない部分はどれか。ビジネスパートナーはどのようなオプションの修正を考えているだろうか。合併は関連のある政府当局やコミュニティにどんな反応を引き起こすだろうか。ほかにも多くの問題があるが、これらに自信を持ってすぐに答えるのはどだい無理なのだから。

どんな統合でも、合併会社の外の世界についての知識に危険なほどの大きなギャップがある状態から始まる。双方のマネジメントチームがそれぞれの外部の利害関係者を熟知していても、これら二つの知識の集合体が統合されて深い共通の理解が生まれるには時間がかかる。ここに大きな弱点が生まれるが、多くの統合プランは、この弱みを緊急に克服する必要性にほとんど目を向けない。

これが実際にどういう意味を持つかは、合併が外部の各利害関係者に及ぼす影響に応じて、合併ごとに大きく異なる。どういう形であれ、一般的に上級マネジャーが取り組むべき課題は、どの利害関係者が合併によって価値に大きな影響を受けるかを見きわめ、その利益を積極的に代弁することである。

ここでリーダーに求められるのは、会社の外で持ち上がるかもしれない問題を見抜く深い洞察力、つまり非常に広い意味で会社の健康を分析する能力である。また、徹底してやりぬく力も求められる。なぜなら、合併する会社は得てして内向きになり、合併が主要な外部の利害関係者にもたらす影響をしっかり分析せずに重大な決定を下す傾向があるからだ。

リーダーシップの課題5（第5章）
統合に不可欠な学習をリアルタイムで行う必要性を認識する

統合において、学習は貴重な目標の一つであるが、合併の勢いを保つというそれより重要な目標の前によくおろそかにされる。統合プロセスの厳しいストレス下での学習は非常に難しいので、普通は統合が終わるまで学習意欲をできるだけ抑えようとする。これは学習に労力を向けることによって統合の勢いがそがれないようにするためである。

一方、有能な統合マネジャーが、合併終了後に学んだ教訓を整理して、次の合併に適用する方法は、その独創性と厳密さに著しい進歩が見られる。

したがって、一般的なアプローチは次のような文章に凝縮されよう。

やることをやってしまおう。学習は後回しにした。
そして、次は必ず今回よりうまくやる。

このようにかたくなに学習の時期を遅らせるのは、統合という難しい問題を単純にとらえすぎているからである。現実には、統合は、多くのプレーヤーがさまざまな行動の変容を求められるので、学習が大きな位置を占める活動である。こうした統合に必須の学習の大部分は比較的単純だが、どんな統合でもかなり難しい課題がいくつかは持ち上がる。

たとえば、過去に何度も効果が証明されているルーティンの大幅な修正は簡単ではない。しかしアローエレクトロニクスのスティーブ・カウフマン会長は、同社が行ったある買収では、価値創造の目的を達成するために既得の知識を捨て、学び直すことが不可欠だったという。BAEシステムズでは、シナジー不足を別の経費節約策の採用によって補うために、緊急に学習しなければならなかった。どちらのケースでも、学習が統合の勢いをそぐことにはならず、むしろ、勢いを保つために必要な前提条件だった。

健康な合併の実現は、学習を選べば統合の勢いが鈍るというトレードオフが必ずしも当てはまらないことを、リーダーが認識できるかどうかにかかっていると言えよう。合併での価値創造目標を達成するには、学習を必要とする難しい課題は避けられない。しかし統合計画のなかに、統合に不可欠な学習課題は何かというアセスメントが含まれているのは稀である。それに応えるための具体的なステップとなると、なおさら少ない。

こういう課題は「企業の自己認識」を育て、応用しなければならないため、非常に難しい。合併の論理が相手をよく研究した結果に基づいている場合でも、自社について知ることがそれと同じくらい重要である。UBSがオコナー&アソシエーツの買収に成功したのは、UBSに自社の文化の限界を直視しようという意志があったからである。こういう自己認識は簡単に得られるものではないが、獲得できれば価値創造の機会を発見できる範囲が大きく広がる。

自己認識がなければ、未知の新会社と、自分では知り尽くしていると思っていても実際は思っているほど知らない会社とを統合することになる。この自己認識の決定的な重要性は、われわれの調査で明らかになったことのなかでも最も驚くべき発見だった。

したがって、統合の人間的側面にかかわる問題は、突き詰めると、合併会社が自らについて学ぶことに行きつくのかもしれない。そして、深い自己認識に基づく、より賢明な会社が生まれれば、健康な合併の何よりの証しだと言えるのではないだろうか。

われわれの研究から、これら五つの課題がリーダーシップの質を向上させるまたとない機会を提供してくれることが明らかになった。どの課題についても、「可」の成績を「優」に上げることで、合併の健康に驚くほどの影響を与えられるのだ。

過去の経験や本書のために行った研究をとおして、多くのすばらしいリーダーに出会った。しかし、どの統合でもリーダーシップの五つの課題すべてに一貫して優秀な成果を挙げている五種競技選手はいなかったし、知る限り存在しない。いずれにせよトップリーダーの役割は、統合のたびに定義し直さなければならない。つまり合併に関する限り、リーダーシップにゴールはないのだ。

こうしたリーダーシップの課題のどれか一つにでも真剣に取り組めば、健康な合併の姿を把握する難しさは軽減される。とくに最上層部に新会社を創造するという第一の課題の効果は大きい。これが本書の主張の中核である。

人間の健康がそうであるように、完全に健康な合併は達成できるものではないかもしれない。しかし、合併というゲームで勝算を上げるための努力には大いに価値がある。読者はこの短い本のなかに、それに役立つアイデアをいくつも発見できるはずだ。

第1部

健康な合併を達成するために

リーダーが取り組むべき5つの課題

第1章

Creating the New Company at the Top

[リーダーシップの課題1]

トップに新会社を創造する

最も重要なリーダーシップの課題

カールスバーグのポール・ベリクビスト執行副社長は、二〇〇一年に行われたデンマークの同社とノルウェーのオルクラとの統合を振り返り、トップに新会社をつくり出すには何が必要かを端的にこう述べている。

「何度も食事会を開いて親睦を図るのもいいですが、重要な問題ではありません。それよりも、トップチームにふさわしい人を選び、チームを正しく構築し、新しい課題を定義し、メンバー同士の信頼感を醸成し、好ましい協働関係を築かなければなりません」

これこそが、マネジャーが最初に取り組むべき、おそらく最も重要なリーダーシップの課題だ。そしてこれは、一見して想像するよりはるかに困難な仕事である。

実際、この難しい課題に手ひどく失敗して、ビジネス記者に派手な記事の種を提供してしまうマネジャーもいる。前身会社の垣根を越えた上級マネジャー同士の協働関係が決裂すれば、長く隠しておけるものではない。こういう破綻が響いて、合併自体が頓挫してしまうこともある。最大級の失敗に終わった合併劇のいくつかは、統合プロセスでのこうした「エゴの衝突」や、「権力闘争」の発生が失敗の根本的な原因だとされている。

こうした合併の多くは、交渉段階で双方が新会社に関するきわめて重大な決定を引き延ばしたときから失敗を運命づけられている。どのような言葉による合意だったにしろ、まったく異なる解釈が成り立つほどあいまいだったのだ。

そういうケースでは、双方のマネジャーが、今後取るべき道についてまったく相いれない視点を持ったまま、統合を進めようとする可能性がある。自分が理解している合併の考え方に、相手側も最初は合意していたのに、後になって否定されたと双方が考えると、裏切られたという感情さえ生まれよう。二組のマネジャーが合併を実現しようと誠実に働いていても、実際にそれぞれが描く合併像がまったく異なっていたら、軋轢が生じる。このような事態ほど統合を急速に損なうものはない。

しかし第1章で扱うのは、そういう交渉上の失敗ではない。たしかに権限や目的をめぐる本当の交渉は合併取引完了後にしかできないとの主張のもとに、これらを明確にする責任が統合プロセスに先送りされることがある。しかしこれは、合併会社の将来を確かなものにすることより、とにかく目の前の取引をまとめたい交渉担当者の言い訳にすぎない。

ここで問題にしたいのは、交渉結果が明確であるにもかかわらず、合併発表後すぐに団結力のある有能なトップチームができない多くのケースである。統合プロセスがある程度進むまで、合併会社のトップチームがきちんと機能しなかったという話はよくあるのだ。

相当遅くまで始動しない例まである。大企業のなかには、合併前の二つの会社が正式には存在しなくなって数年もたつのに、そのトップチームは各前身会社出身のメンバーからなるサブチーム同士の緩やかなパートナーシップにとどまっている会社もあるのだ。

トップチームの成熟が少しでも滞れば、多くの悪影響が会社全体に及ぶ可能性が生じる。決定に時間がかかったり、有害な妥協が行われたり、会社全体に混乱したメッセージが送られたりするのだ。

ほかの分野で非常に優れた多くの統合リーダーは、この分野でこそ迅速に行動しなければならないし、実際に素早く行動できる。「合併が完了する前に、会社の頂点での統合を完了する」よう全力を尽くすべきなのだ。これは価値の創造をないがしろにすることにはならない。むしろ、欠くことのできない価値創造の一部なのだ。真に力強いスタートを切るためには、トップチームが合併会社の方針と優先順位に基づいて、直ちに十分な指導力を発揮できる態勢を整える必要がある。


合併完了後の会社全体の統合においてリーダーが最大の能力を発揮するためには、合併が完了するまでに会社の頂上に新会社をつくり出さなければならない。

たしかに近年、合併の完了前に行う活動が急増しているため、この実行が一段と難しくなっている。しかし、それを承知のうえでこれを推奨している。

合併完了前のラッシュ

高い能力を持った統合リーダーでも、前回の統合で素早いスタートが切れたと完全に満足している人には、いまだに出会ったためしがない。新しい合併に取り組むたびに、完了前に前回よりも多くをよりよく成し遂げようと目指しているからだ。

たとえば、ファイザーのデビッド・シェドラーズ執行副社長兼CFOは、同社が二〇〇三年にファルマシアと合併したとき、その三年前にワーナー・ランバートを買収したときの、完了前の準備が十分ではなかった記憶が鮮明に残っていたという。

「そこで、二〇〇三年のファルマシアのときは、前回よりもはるかに多くの準備をしました。契約締結から合併完了までの期間を利用して、膨大な量の移行計画の策定とコミュニケーションを行いました。第一日目の計画はもちろん、一〇〇日目、二〇〇日目の計画まで細かく定めました」

統合を繰り返すたびに進歩している会社は、もともと十分以上に行っていた完了前の準備に、一層の力を注いでいる。上級マネジャーの多くは、スケジュールのかなりの部分を、統合チームが合併完了後直ちに始動するために必要な膨大な計画を立てることに充てている。完了前の活動を徹底的に行っていれば、何倍にもなって返ってくるとわかっているから全力で取り組むのだ。

合併の歴史を見れば、これは劇的な変化である。完了後の新会社発足の記念行事までほとんど何も動きがない、いわゆる「コールドスタートの統合」[訳注1]が普通だったのは、そう遠い昔ではない。今日、「コールドスタート」は、最近の統合を経験していない企業以外にはほとんど見られなくなっている。ワコビアが二〇〇四年にサウストラストを統合したときの責任者の一人、スティーブ・ベームは、今日の優れた統合リーダーには切迫感がみなぎっているという。

「だれがリーダーなのか、各人の役割と責任は何なのか、統合チームとしてどのように仕事をしていくのか、これらを最初から明確に理解していなければ、成功するチャンスはほとんどないでしょう」

合併の完了前に行う活動が増加する傾向は、この期間に法律上許容される範囲内で知識を共有する革新的な方法が登場したことで促されてきた。たしかに、法域によって異なる法的制限はいくらかあるが、弁護士の助言に慎重に従えば、法の許す範囲内で非常に多くの計画活動を行えることに多くの合併企業は気づいたのだ。

ジョン・マグラーは一九九七年にグランドメトロポリタンがギネスと統合してディアジオを創設したときのグランドメトロポリタンのCEOであり、その後、新会社のCEOを三年間務めた。完了前に「クリーン・チーム」[訳注2]を利用することによって膨大な情報を収集できたと語る。[原注1]

「非常に厳しく弁護士に管理されましたが、第三者のチームを使えば、価格設定から、あらゆる主要顧客や関係国の情報、膨大な量の製品データに至るまで、必要な情報をすべて集められることがわかりました。完了の日には山のような資料が届けられました。あれで五カ月は節約できたでしょう。実にすばらしい効果がありました」

競争法の規定では、合併の完了前、厳密には統合の「計画」しか行えない。またこの期間に、ある種の情報を当事者間で交換したり議論したりすることも制限されている。しかし、事前に綿密な計画を立て、法的に許容される範囲をすべてカバーしておけば、こうした資料に当たるのが合法的になった段階で、はるかに容易に実行に移せるのだ。

アメリカの医療保険会社アンセムが二〇〇四年にウェルポイントと合併したとき統合活動を指揮した同社のマイク・スミスに、合併が完了する前にインタビューを行った。その監督下にあった二七のサブチームのうち二二チームは、二つの巨大保険会社の複雑な統合の指針となる重要な計画について、すでに決定を下す用意ができていた。マイク・スミスは、こうした準備ができた分野を次々と挙げていった。

「われわれは新会社のＩＲ（投資家向け広報）戦略がどのようなものになるのか、だれがそのリーダーになるのかを承知しています。税金を担当する部署はどういうふうになるのか、税金の申告や税金戦略がどういうものになるのかも知っています。財務・投資部門がどういう形になり、所在地はどこになり、だれが統括するのか、社内で扱うのか、それともアウトソーシング戦略を採るのか、これらもすべてわかっており、後は実行に移すだけです。新会社の基準となる引き受けや保険数理のプロセスもわかっています。ＩＴ関係のどの部署が存続するのか、新しいＩＴアーキテクチャをどのように構築していくのか、それをどう実行するのかも理解しています。ここに挙げたのはほんの一部です」

このように、完了前に詳細な計画活動はほとんど行えないという考え方は、もはや時代遅れと見なされている。同時に、合併の発表から完了までの期間は、合併のリーダーが激務のなかで一息つけるときだという都合のよい幻想もまた消え去った。

だが、合併のリーダーシップに見られる多くの進歩について言えるように、完了前の活動の飛躍的な増加には危険も潜んでいる。健康な合併に必須の前提条件である、トップチームの統合がおろそかになるおそれがあるからだ。

頂上での統合を省かない

二つの大きな会社を全面的に統合するという難問が目の前に迫っていると、頂上での統合を省いてしまいがちだ。合併が完了するかなり前にトップチームのメンバーが選ばれていても、強い目的意識を持って結束し、会社の将来を体現するチームをつくろうという努力がほとんど見られない場合も多い。急を要する日々の業務と統合で手いっぱいなのだ。

> 会社の全面的な統合に気を取られていると、頂上での統合がおろそかになる危険がある。

これを正当化する理屈には、一見、説得力がある。トップチームは通常、合併してできる本部組織のなかではごく小さな部分でしかなく、総コストに占める割合はきわめて小さい。おまけに収入はすべて組織のほかの部分から生み出される。合併完了までの貴重な時間を自らの内部問題に費やすようなトップチームに、機動力を発揮してシナジーを実現したり、有能な社員や顧客の流出といった価値破壊的なショックから会社を守ったりすることは期待できない。したがってトップチームは、チーム内部の問題は駆け足で簡単に触れるにとめておいて、それ以外の場での価値の創造と保護に、できるだけ速やかに集中すべきだ、という理論である。新会社での価値創造そっちのけで自分たちの問題にこだわりすぎるトップチーム以上に有害なものがあるだろうか、というわけだ。

隅々まで完全に統合するには急を要する具体的な作業があまりにも多い。それに比べれば、トップチームの統合に精力を傾けることは後回しにしてもいいように思われるのかもしれない。統合し、運営しなければならない新会社が目の前にあるのに、トップチームがそのプロセスや説明責任について延々と議論を続けるのは「怠慢」だと見られるのだ。

そのため多くの会社は、トップチームがまだ表面的にしか統合されていない状態でも妥協してしまう。その結果、双方の会社の問題点が後々まで尾を引き、新会社に必要な規範を生み出す妨げになる。

トップチームが十分に統合されていないのは、だれかがはっきり言わなくても、メンバー全員がわかることだ。実際、だれも話題にしないことが驚くほど多い。あるマネジャーは、「何カ月もの間、われわれは二つのチームでした。皆わかっていたんです。でも何もしたくなかった。だからだれも問題提起しなかったんです」と語った。

買収の場合、被買収会社の規模がかなり大きく、確実に重要な新しい能力を新会社にもたらすことがわかっていても、トップ・マネジメントに代表を送り込めないケースがある。これも、トップチーム統合の失敗の一例である。会議室に並んでいるのが片方の会社の人だけだと、悪影響が表面化しにくいとはいえ、失敗には変わりない。[原注2]

ここでのパラドックスは深刻だ。新会社への飛躍的移行の成功が何より求められているときに、新会社のための効果的なパターンを示せないトップチームは、妨害的とまでは言わなくても保守的な勢力に見える可能性があり、従業員やそのほかの利害関係者に間違った信号を送ってしまう。変化の推進者として行動しなければならないチームが、変化の妨げになる危険を冒しているのだ。

深刻な悪影響を生むこういう事態は、統合チームが始動したときに力強い勢いがあるように見える場合でも起こりうる。外見は必ずしも真実を伝えない。体系的な活動が速いペースで着々と進んでいるように見える裏では、トップチームがチーム自体を統合する責任をおろそかにしているのである。この怠慢が最終的には統合を妨げる。

会社の頂点での統合レベル以上に会社全体の統合がうまくいくケースはめったにない。一方、「社内政治」や厳しい決断を避けようとする傾向が災いして、考えられる限り最高のトップチームがつくれないケースは無数にある。頂点での統合がどの程度達成されたかによって、会社全体の統合は大きく左右される。それどころか、この早い段階ですでにゲームの勝敗が決まることが多いのだ。

早い時期に頂点に創造された会社の質を上回る統合を、その後、会社のほかのレベルで達成するのは不可能だろう。

これは今日のマネジメントの考え方に逆行するところがある。変更管理（チェンジ・マネジメント）の分野では、トップチームが果たす役割の重要性はあまり強調されなくなったからだ。近年、変更管理の一般的な考え方は、トップダウン型から分散型のアプローチに移行している。会社の階層を上から下へと流れていくはずのトップダウン式のイニシアティブが、期待外れの結果しか生まないケースがあまりにも多かったのだ。トップダウン式の変革がうまくいかないのは、段階を下るたびにメッセージが希薄になり、説得力と正当性が弱まるからだと一般的には解釈されている。

この見解が正しいかどうかは別として、合併では、ある種の変革プログラムのように、組織のトップ以外の部分から変革を起こすのは至難の業である。統合に必要な変革を推進できるのは、企業家精神に富む事業単位でも、革新的な職能グループでも、第一線の人たちでもない。統合では、短期間に、手に余るほどの変革を調整し、計画し、達成しなければならないのだ。プロジェクト全体の精神はトップで決まる。統合全体の条件を、不適切なものも含めて、定められるのはトップだけなのだ。[原注3]

会社の頂点における真の統合の実現が、変革の課題に応えることになる。なぜなら、トップチームは新会社について話し合ったり、新会社の方向性やイメージを決めたり、その規範に従って行動するだけではなく、チーム自体が真の意味で新会社になるからだ。

会社の隅々まで統合を進めるときトップチームは、実は自らを再創造している。メッセージやプロセスや一連のターゲットを次々に送り出しているだけでなく、チーム自身を再生産しているのだ。チームはすでに新会社になっているから、メッセージやプロセスやターゲットには、新会社の目標が深く刻み込まれている。マネジャーや従業員、外部の観察者もそう見ている。

そのため、トップチームのほんの小さな弱点や欠陥も、合併会社のあらゆるところで複製される傾向がある。合併のため過敏になっているマネジャーや従業員は、トップチームから送られてくるシグナルに敏感に反応する。ささいな間違いや不正確な情報、一貫性のないメッセージ、こういうものはすべて、そのネガティブな部分だけが取り出されて組織全体で増幅される。新会社への全面的な支持に無意識のためらいがあれば、それも察知される。

組織にも「ボディランゲージ」に相当するものがある。利害関係者はそれに反応し、合併を推進している表向きのコミュニケーションと比較して品定めをする。熱意が不足していたり、不適切な妥協が行われたり、トップチームがいつまでも割れていたりすれば、すぐに感じ取られ、合併会社のそこかしこで複製される。

トップチーム統合の重要性は決して小さくない。トップチームは会社全体の統合のテンプレート、つまり鋳型になるのだ。

トップチームは統合の究極のテンプレート

今日の統合プロセスには数多くのテンプレートがある。統合チームのマネジャーやメンバーが新会社への移行をスムーズに行うために埋めなければならない無数の書類もそうだ。

このようなテンプレートの目的は、たとえば、シナジーの源を具体的に特定したり、前身会社から新会社への人の移動を把握したりすることにある。この体系化された書類の山は、統合の「――から――へ」を精密に定義するのに不可欠である。こうしたペーパーワークは、どれほど単調に見えても、現実に巨大な企業の統合を可能にするのに大きく貢献している。

しかし最も重要なテンプレートは、紙の上にはとらえられない。完了前の時期にでき上がったトップチームこそが、合併の究極のテンプレートだからだ。理想的なケースでは、どういう会社をつくろうとしているのかをトップチームが明確に描き出し、それについての上級マネジメントの決意を伝えるシグナルを発する。その結果、トップチームの決定と行動が、それらを反映した決定と行動によって次々と会社全体に伝わり、健康な合併が可能になるのである。

テンプレートに必要な資質が欠けていれば、統合チームが成果を挙げようとどれほど力を尽くしても、トップチームの弱点が合併会社全体に広がってゆくのは避けられない。

合併会社のトップチームでは、メンバーの質がそのままチームの成果になる。

別の言い方をすれば、マネジャーや従業員が、トップチームのメンバーの行動に、会社の将来を見ることができなければならない。しかし、シグナルを送るのも重要だが、それだけでは足りない。リーダーが難しい状況のなかでも現実的な意思決定をし、新会社を築く価値創造的な行動を取ることも重要なのだ。そうすれば、確固たる現実を生み出すシグナルの力を、最大限に活用できる。

こうした現実を生み出すシグナルのなかで最も重要なのは、❶人選、❷意思の統一、❸役割の明確化、この三つに関するものである。

❶トップチームの人選

マネジャーや従業員はもちろん、そのほかの利害関係者までもが、だれがトップチーム入りするかについて驚くほどの関心を持って注視している。初めて統合を経験する人にとって、トップチームの人選は最も強く記憶に残る出来事の一つである。この関心の強さは、そこで繰り広げられる人間ドラマへののぞき見的な興味より、はるかに大きな意味がある。だれが選ばれるかには、新会社の向かう方向を示唆する強力なヒントがあるからだ。新会社が公言している進路を真剣に追求する覚悟がどれほどあるのかも推測できる。また、マネジャーや従業員は、当然ながら、自分たちの将来を暗示するシグナルとも解釈するだろう。[原注4]

これらのシグナルが会社の垣根のそれぞれの側に与える影響を理解することは重要である。想像力に富んだ思いやりも欠かせない。なぜなら、シグナルが期待とかけ離れている場合があるからだ。

航空機機内サービス大手のスカイシェフのマイケル・ケイ元CEOは、次のような例を挙げる。一九九五年に同社がケイターエアを買収した後、ケイターエアのマネジャーたちに「決定的な瞬間」が訪れた。新しい業績基準を突きつけられたのだ。しかしケイは、スカイシェフのマネジャーにも同じような「決定的な瞬間」があったという。ケイターエアのマネジャーが何人か上級職に任命されたときのことである。

どちらの「決定的な瞬間」も、業績を重視するという合併会社の強い決意をマネジャーと従業員に示すシグナルだった。ケイターエアのマネジャーたちは基準が高くなることはほぼ覚悟していた。問題は「どれくらい高くなるか」だけだった。ところが、自分たちの同僚のなかから何人かが新しい組織の上級職に選ばれたのだ。それを知ったとき彼らは驚いた。

スカイシェフのマネジャーも業績基準のことはよく承知していた。それでも「勝ち組」の社員であれば役職争いに有利に働くという淡い期待を抱いていた人が少なくとも何人かはいた。しかし、その期待は外れた。

正しい人選をすれば、業績をいち早くプラスに転じることさえできるかもしれない。そうなれば、後は健康な合併を実現する可能性が増すばかりだ。このような変化を促進する効果について、アルミニウム精錬大手のアルキャンのリチャード・B・エバンス執行副社長は次のように語っている。

「新しい組織のトップレベルの人選を済ませたら、正しい人選である限り、統合の最も難しい部分は乗り越えたも同然です。両方の会社からリーダーシップを担うべき人々が重要ポストに就き、すでに新しい組織はできているのですから。驚くほど早く一つのグループとして機能し始めます」

この発言は、二度の統合で大成功を収めた経験に基づいている。最初は二〇〇〇年のアルキャンによるアルグループの買収、次は二〇〇四年のペシネーの買収である。この二件の合併の前に、同じ三社の間で対等の同時合併が頓挫した事実は興味深い。エバンスがトップの人選を「統合の最も難しい部分」と言うのは、この経験によるところが大きい。また、トップに新会社が生まれない理由の解明にも役立つ。

最初の合併計画では、少なくとも外見だけでも、パートナー三社間のバランスを取らなければならないという思惑が意思決定プロセスを動かしていた。たとえば、六つの事業グループを三社にそれぞれ二つずつ割り当てようとしたのだ。責任者に任命される六人が新会社を前進させるために最適であるかどうかは考慮されなかった。

エバンスは、もしこの合併が成立していたら、力のバランスという目標が意思決定にさまざまな弊害をもたらしていただろうと考えている。「資本をはじめ、あらゆることを、たぶんそういうふうに配分していたでしょう」と彼は言う。

上級マネジャーを「偏りなく」任命することによって、新会社にはだれもが参加するのだというシグナルを発しなければならないという考え方が強いのは、人に関する問題のなかでもスタンダードなものだ。しかし、この扱いを誤ると、統合が完了した後かなり時間がたっても、新会社の価値創造に向けた努力に悪影響が残ることになっていただろう。

しかし、結局そうはならなかった。合併は成立しなかった。少なくとも最初に計画したとおりにはならなかった。統合が不十分だったトップチームは、ヨーロッパ連合が出した反トラスト法をクリアするための条件に足並みをそろえて対応できなかったのだ。

「収拾がつきませんでした。三人のCEO、三つの取締役会、そして背後には隠れた勢力が控えているんですから。要するに、どうすべきか合意できなかったんです。二つの事業のうちどちらかを売却しなければならないことはわかっていました。しかし、グループの力関係に翻弄されて、客観的にどちらかに決定できませんでした。だれもが失うものを持っていました。管理職や取締役の役職をめぐる激しい駆け引きが行われていました。会社の名前一つ決めるにしてもそうでした。そして、結局まとまらなかったのです」

統合が不十分なトップチームが効果的に働かない現実は、たちまち明らかになる。たとえば、規制当局から事業の一部を売却するよう求められたとき、どの事業部を売却すべきか自明な場合がある。一方で、当局の要求に応じるための選択肢に幅があったり、事業単位よりも細かい単位（たとえば、特定の資産、事業契約、知的財産などのレベル）で一部処分しなければならないときもある。そういう場合、どれを売却するかは、複雑な分析と難しい判断を迫られる苦渋の決断になる。政治的に「バランスが取れた」人選によって生まれたトップチームでは、健全な決断を下せない。まして決断の実行は、なおさら期待できない。

言い換えれば、生まれたときのいきさつ自体が、価値創造を最優先するという原則に反していたチームが、その後、価値を創造する可能性はほとんどない。そのグループには、そもそも価値創造の遺伝子がないのだから。

価値創造という合併の最大の関心事が人の選び方に反映されていないトップチームは、時を経ても大きな価値を創造する可能性はあまりない。そして、組織全体がそのことに気づくだろう。

トップに新会社を創造するのは、対等合併の場合、とくに問題が多い。なぜなら、マネジャーが前身会社のアイデンティティを死守したいと思うからだ。たしかに、公表している戦略を実行するには、普通は統合が完了している必要がある。しかし、人の問題で妥協すれば、統合が取り返しのつかない悪影響を被り、最終的には合併会社の価値の追求が妨げられる。その結果生じる混乱は「相いれない企業文化」のせいにされることが多い。まるで統合が失敗したのは水と油を混ぜようとしたからで、当然の結果だと言わんばかりである。

製薬会社大手のノバルティスの合併を主導した会長兼ＣＥＯのダニエル・バセラ博士は、別の比喩を用いる。一九九六年に合併してノバルティスとなったチバ・ガイギーとサンドは、新会社に命を与えた両親のようなものだという。ただし、家族を引き合いにしたこの例えのポイントは、感傷とは程遠く、「両親を尊敬していても、子供は別の人間であり、親のレプリカではありません」と説明する。

新しい人間と同じように、新会社は自分自身の生き方をしなければならない。新会社を誕生させた古い会社の生き方を再現するだけではだめなのだ。トップチームのメンバーは、あらゆる現実的な方法で前身会社への愛着を断ち切らなければならない。多くの対等合併が期待外れの結果に終わった大きな原因は、これに失敗したことだ。現実には、対等な会社同士が真に合併するのは無理である。

頂上に新会社を創造するのに失敗するもう一つの原因は、何年もよい成果を挙げてきた親しい同僚が失職する見通しを受け入れられないことだ。会社全体ではもっと多くの人が職を失う可能性があってもである。ジョン・マグラーがインタビューで強調したのは、だれがトップチームに残るかを素早く冷静に決定する一方で、その影響を被る人を人間的に扱うのが非常に重要だという点だ。

「人を選ぶときには非情に徹しなければなりません。正しい人選をすれば、うまくいかないほうが難しいんです。素早く決定して、誠意を持って相手に対応するのです」

人の選び方と、負けた人に対する扱い方は、新会社の事業の焦点と価値を雄弁に物語る。マグラーが統合の後、同僚と交わした会話にはこれがよく表れている。聞いたところでは、解雇された人たちは不思議なほどまったく恨みを抱いていないようだったという。これはプロセスが公正で誠実だと思われたからだろうとマグラーは考えている。

「必ずしも小切手の額ではないんです。どれくらい心を込めて接するかです。敗れた人にはその理由を説明する必要があります。その人たちが有能で、多くの人がその後すばらしい転職先を見つけたとしても同じです。私は少なくとも一〇〇～一二〇人に退職者面接をしたでしょう。推薦状も何枚書いたかわかりません。でも、いまだにクリスマスカードをもらうんですよ！ グランドメトロポリタンはかなり手荒な一団と見られていましたが、非常に思いやりのあるやり方をしたのです」

メディアのせいでトップチームが実力主義を貫くのが難しくなることがある。ジャーナリストは、幹部職の人選にはどちらが権力闘争に勝ったかが端的に表れていると解釈するからだ。実力に焦点を当てて人選を解釈したビジネス報道を見かけることは、あったとしても稀である。

一九九六年にオーストラリアのメトウェー銀行とサンコープ保険会社とクイーンズランド・インベストメント・ディベロップメント・コーポレーションが合併してサンコープ・メトウェーを創設したときに合併を主導したスティーブ・ジョーンズは、新聞がまるでスポーツのイベントのように任命された人たちに点数をつけていたのを覚えている。外部のそういう誤解を短期間で訂正するためにできることは限られている。

「そんなことはすべて無視して、実力で選ばれたのだというメッセージを繰り返しました。何とか乗り切るしかありません」

ここで言う「実力」とは、もちろん「新会社」にとって重要な経験と能力である。そのため、内部の人にも決定が理解されにくいことがある。人選のプロセスに直接かかわった人でさえそうである。

上級マネジャーが将来の課題に対してどのような成果を挙げるかを予測するには、きわめて主観的な判断に頼らなければならないかもしれない。そのため、新会社の価値創造戦略を可能な限り定義しておくことが有益なのは言うまでもないだろう。候補者の実績を詳細に見直しておくのも同様に役に立つ。

それでもなお、疑いが残る人選はあるかもしれない。少なくとも一つは後悔するのも、ほぼ確実だろう。大成功を収めたCEOに統合の後でインタビューを行っても、CEOがそれを認めることはしょっちゅうだ。しかし、たいていは情報と決定までの時間に限りがあるので仕方がないと肩をすくめてつけ加える。

❷トップチームの意思統一

人を選ぶのは難しいかもしれないが、少なくとも決定の結果はだれが見ても明らかだ。一方、トップチームの意思が統一されているかどうかは、さまざまな活動の結果を見て、かなり漠然と認識するしかない。本当に意思が統一されているときは、自分たちでそれがわかる。しかし、そこに至るまでには、「もう意思統一ができたか」と自問するさまざまな段階がある。

表面的でない真の意思統一を図るためにCEOは、会社の取るべき進路についてのオープンな話し合いを求める例が多い。

たとえば、バイオ医薬品最大手のアムジェンのケビン・シェアラーCEOは、イミュネックスの買収計画（二〇〇二年に買収完了）について、八人の執行委員会のメンバー全員に各自の立場を表明するよう求めた。アムジェンの企業風土は自立的思考を奨励していたが、最終的にはすべての委員が取引に対する支持を表明できると確信するようになった。その支持は統合プロセスをとおして揺るがなかった。

「これはだれのための買収なのかというような非難合戦は一度もありませんでした」

新会社がトップに生まれると、上級マネジャーの意思統一は強固なものになる。自分一人のためでも、ほかの人のためでもない。われわれの取引になるのだ。元の自分の会社のなかだけでもそのような一体感を獲得するのは難しいが、垣根を越えての統一となると、難しさは格段に増す。合併が完了する前の制限が多い状況では、一層困難になる。

このレベルの意思統一に到達するには、トップチームは顧客や競合他社、ビジネスパートナー、規制当局などの外の世界に向けて自らのアイデンティティを打ち立てなければならない。われわれが行った調査では、外部の環境に関心を向けた合併会社のトップチームは、多くが劇的な効果を経験している。そうすることによって、通常の内部摩擦を迅速に切り抜けられるのだ。市場での成功という切迫したニーズに比較すれば、内部の摩擦はどうでもよくなる。マイケル・ケイは言う。

「チーム内に対立が起きたときは必ずテーマを顧客に切り替えました。しばらくするとメッセージは理解されました」


トップチームは、自分たちと統合に向けていた関心を、外の世界の顧客やライバル会社などに向けることによって、意思統一ができる。

突然外部に危機が発生したとき、これは目覚ましい効果を発揮する。たとえば、ある会社ではトップチームの統合は表面的なものだった。しばらくはだれもが礼儀正しく振る舞っていたが、そのうち、あからさまな駆け引きが横行するようになった。その業界では過去にいくつもの会社の合併がこの現象のために台無しになっている。しかし、会社を深刻な危機に陥れかねない金融スキャンダルが発生したとき、トップチームはついに団結できた。ある上級マネジャーは、スキャンダルがチームを奮い立たせたと言ってはばからない。

「エスカレートし始めていた縄張り争いに注ぐエネルギーを、すべてそちらに振り向けなければなりませんでした。スキャンダルのおかげでグループに団結が生まれました。それはもう、信じられないほどでした。大きな代償を払いましたが、いま思うと、起こりうる可能性のなかでも最もよいことの一つだったと言えるでしょう。あれですべてがまとまりました。内部で縄張り争いなどしている余裕はないと全員が気づいたのです」

外部の危機がこのチームの統合を促した。こんな幸運に恵まれる（不幸に見舞われる？）トップチームはあまりないので、ほとんどのチームはこのような助けなしに全員が一致団結して、外部へ関心を向けた状態を自分たちでつくり出さなければならない。

経験上、これはそれほど高度なテクニックを要する問題ではない。ほとんど実行力の問題だ。

合併会社のトップチームは、統合に必要な「内部配線」ばかりに目を向けた短期的な課題を設定しがちだが、たいてい、これは不要である。とくに、今日の多くの会社がそうであるように、合併する会社に統合のための強力な資源がある場合は必要がない。

あらゆる大きな統合では、双方のマネジャーが新しい顧客とビジネス関係に直面せざるをえない。そこには必ず新しく合併したトップチームが取り組むべきことが数多くある。外部の利害関係者については第4章で詳しく取り上げる。

多くの合併では、上級マネジャーレベルでのチームづくりのために何らかの活動が行われる。これは、一般的には量を限って慎重に行えば有益であるが、注意しなければならない重要なポイントが二つある。

第一は、双方のマネジャーが建設的でビジネスライクだと考える活動に大きな隔たりのある可能性があること。この場合、一方のマネジャーがある活動を感情的で迷惑だと感じるなら、実施する価値はない。かえって非生産的になるかもしれない。

第二に、上級マネジャーはどこの世界でも「本当の仕事」以外に使う時間に対して著しく忍耐を欠いていること。統合のプレッシャーの下ではなおさらである。したがって、目に見えなくてもはっきりした価値ある結果が出る仕事に集中したほうがよい。たとえば、新会社の行動規範づくりなどである

統合プロセスにはもちろん、トップチームが取り組むべき本当の仕事がたくさんある。そし

てこれは、その後の展開を容易にするように設計できる。しかし、その設計には注意を要する。

一例を挙げよう。ある合併会社では、ラインマネジャーの意思を可能な限り統一するために、非常に大きな運営委員会をつくった。統合マネジャーはたしかにそれが役に立ったと信じているが、チームの重荷にもなっていた。後から考えても、そんな大きな運営委員会をつくる価値があるかどうかについて、マネジャーの意見は一致していなかった。

❸トップチームの役割の明確化

トップチームのメンバーには、合併会社全体の将来についての共同責任があるが、一人ひとりに明確な個人責任もある。互いに補い合って協力し、統合に成功するだけでなく、統合と並行して起きている事柄や将来のチャレンジに関しても、会社をうまく導かなければならない。結局、そのためには役割を明確にすることが求められる。

統合に直接かかわる役割を素早く明確にしなければならないのは当然である。ライン部門が統合の推進を担う程度が大きいほど、これは重要になる。

たとえばディアジオの場合、ジョン・マグラーは、こうした理由のために人選のプロセスを急いだ。

「考えられないほど急いで中核となる人々を選定しなければなりませんでした。だれがそれぞれの機能の指揮を執り、だれがその下で働くのか、疑問の余地がないほど明確にする必要があったからです。この人たちは統合に深くかかわりました」

しかし、会社の健康という観点では、長期間にわたって業績を持続できることを重視するため、役割を定義する際に、事業の将来のニーズも同じく重要な要素になる。頂上に新会社を創造することは、統合の短期的な成功に重要であると同時に、会社の長期的な業績にとっても重要なのだ。

> 長期にわたって価値の創造を最大化するためには、上級マネジャーの役割を新しく定める必要がある。

頓挫したアルキャンとペシネー、アルグループの合併では、トップチームが会社を将来に導くことはおろか、統合すらできないことは明らかだった。そこでアルキャンのリチャード・B・エバンスと同僚たちは、次の二件の統合では、トップチームが統合に成功できるだけでなく、統合後も引き続き会社を前進させることができる態勢を確保しようとした。シナジーの特定と移行計画に着手する前に、トップチームの役割をできる限り明確にしようと努めたのである。エバンスは次のように説明している。

「責任を明確にする必要がありました。つまり、最上層の二、三のレベルのマネジャーを指名し、組織構造を定め、たとえばどの資産がどの事業グループのものになるかといった境界の問題を解決するのです。そうすることで、将来何らかのアクションが必要になったとき、だれがそのアクションを取るべきかがある程度はっきりします。それをすべて決めるまでは、統合チームをつくろうとしても役に立たないと感じていました」

この発言は、頂上に新会社を創造する理論的根拠を非常によくとらえている。トップチームは、統合に深くかかわっていくだけでなく、単なるプロジェクト・チームよりはるかに大きな存在なのである。期限を限定することなく将来もずっと、会社のあらゆる活動を指揮する責任を担うのだ。したがってトップチームは、この広範にわたる責任を念頭に置いて構成されなければならない。

アルキャンの状況は特別だった。頓挫した三社合併のおかげで、最初にマネジメントの説明責任を徹底的に明確にすることが賢明だとわかったからだ。ＣＥＯが統合の責任の所在をすぐに定義しても、将来の役割を明確にする時期を遅らせることによって成功したケースもある。

このあたりの事情は、企業によって千差万別だ。役割があいまいな状態が少しでも長引けば、代償を払わなくてはならないが、相手方のＣＥＯや新会社について学び始めた初期の段階では、当然ながら責任を引き受けることを躊躇するＣＥＯが多いからだ。

しかしどんな場合でも、トップチームが直ちにチームとして新会社を体現することは重要である。これは決して小さな成果ではない。トップチームが協力して目の前の難問に取り組めば、遠からず役割が明確に定義されていくだろう。

「トップチーム」とは何か

この章では「トップチーム」がまだ明確に定義されていないことに気づかれたかもしれない。大ざっぱに言うと、トップチームとは、当該組織の頂点に位置し、組織の将来に全般的な責任を持つ上級マネジャーのグループを意味する。「当該組織」とは、通常は会社全体を指し、本書の議論でも、その意味で用いている。しかし、場合によっては合併の対象になるグループや部署、あるいは事業単位を指すこともある。

したがって、トップチームにどのレベルから何人が含まれるかは、状況によってさまざまである。CEOと密に連絡を取りながら活動するチームが十数人程度か、それ以下の人数で構成されている場合もある。

二〇〇一年にJPモルガン・チェースを誕生させた合併では、ウィリアム・ハリソンCEO

は直ちに総勢四〇人のチームを指名した。こうして好スタートを切ったおかげで、それより下のレベルの人選も迅速に行えたという。

インタビューでは、合併する双方の会社の取締役会までもトップチームの一部と考えるべきだと主張する人が何人かいた。取締役会のパフォーマンスは統合プロセスとその後の価値創造に大きな影響を与えるからだ。

鉱業会社最大手のＢＨＰビリトンのドン・アーガス会長は、取締役会のレベルでも新会社を創造する必要があると指摘した一人である。取締役会に関する彼の発言は、より幅広い意味でのトップチームに関するわれわれの主張と重なる部分が多い。

「取締役会の役割は過小評価されがちです。合併の結果として取締役会を変える会社はほとんどありません。しかし、マネジメントチームに適切な人材がそろっているかどうかを評価する必要があるのと同じように、取締役会も評価するべきです。現職の取締役の能力も吟味して、最高の人材を選ばなければなりません。そもそも、取締役が自分たちだけで手を打っていたら、マネジメントチームにどんなシグナルを送ることになるでしょうか。それに取締役会は、ＣＥＯを導き支援しなければならないのに、分裂していればそれもできません」

また、典型的な結末であるが、二人のＣＥＯのうち、どちらか一人を解任しなければならない場合のマネジメントについては、長年の間に標準的な方法やプロセスが定まってきている。それに比べると、取締役会の統合は遅れており、その場しのぎのやり方がまかりとおっている会社がほとんどだと手厳しく指摘した人もいた。

さらに、新会社を効果的に支援するには取締役会をスリム化するのが理にかなっている場合でも、双方の取締役会が自らそういう方向で統合を推し進めることはめったにない。「七面鳥はクリスマスに賛成票を投じることはない」[訳注3]のだ。

しかしアーガスは経験から、合理的にプロセスを定め、合意が得られれば、取締役会も適切に統合できるという。取締役会に、新会社の価値創造に最も貢献できる人を入れるのは当然だ。

トップチームをつくり上げることは、合併会社にとって決定的に重要な、急を要する課題である。新会社の目標を達成するのに最も適したチームを指名しなければならないし、目標についてチームの意思が統一されていなければならない。効果的な協調関係を築くためには、各メンバーの役割を明確にする必要もある。

こう言えば何も複雑なことはなく、常識の範囲内だと思われるかもしれない。だが実際には、合併が完了する前、あるいは完了後すぐの困難な時期に成し遂げるのは厳しい。

第2~5章で取り上げる四つのリーダーシップの課題は、頂点に新会社を創造するという第一の課題に比べれば、すべて二次的なものだ。会社の物語、文化、外部の利害関係者、学習の各分野における課題に取り組むには、団結した強力なトップチームが必要である。

新会社に求められる文化をすでに体現しているトップチームができ上がっていなければ、たとえば文化に関して効果的に成果を挙げることは至難の業である。

新会社はそういうトップチームをつくることから始まるのである。

第2章

Communicating the Corporate Story

[リーダーシップの課題2]

会社の物語を伝える

過剰なコミュニケーションよりも「わが社の物語」を

ＵＢＳ ＡＧ（新ＵＢＳ）のマルセル・オスペル会長は、二〇〇二年に行ったあるスピーチで、同社が金融ジャイアントへと成長した一〇年間の波乱に富む物語を語った。この物語を推し進めたのは、一九九八年のスイス・ユニオン銀行（旧ＵＢＳ）とスイス銀行コーポレーション（ＳＢＣ）の合併で頂点に達した一連の買収だった。

物語はＳＢＣから始まった。一九九〇年代初頭のＳＢＣは、基本的にはスイスの銀行数行（ＳＢＣチューリヒ、ＳＢＣバーゼルなど）の集合体にすぎなかった。国際的知名度は低く、資本市場や法人向け資産運用業務でも目立つ存在ではなかった。そして、プロセスに深刻な弱点を抱えていた。たとえば、セグメント情報の開示や全体としてのリスク管理を行っていなかったりしたのだ。

しかしＳＢＣは、「スイスの銀行を再定義」し、世界レベルの国際的金融機関に成長するという大きな望みを抱いていた。一〇年後、その夢は巨大な新生ＵＢＳとして実現した。

この物語にはＭ＆Ａがどうしても必要だった。それというのも、当時の同行では、既存の事業に基づく有機的成長と内部のスキル開発だけを頼りにこの大望を達成するのは不可能だったからだ。

一九九二年にデリバティブ会社のオコナー&アソシエーツを買収したのが、一連の買収の始まりだった。続いて、一九九四年にはアメリカの法人向け資産運用会社のブリンソン・パートナーズを、一九九五年にはイギリスの投資銀行のSGウォーバーグを買収した。これらの買収の結果、SBCは余剰資本が枯渇し始めたため、一九九八年の旧UBSとの合併を決意するに至ったのである。新生なった合併会社は、その二年後にアメリカの証券会社のペインウェバーを買収している。

UBSの買収は、数の多さとそのペースから連続買収と思われるかもしれないが、そう解釈するのは間違いだろう。連続買収では通常、非常によく似た取引を繰り返す。しかし、UBSの物語に登場した会社は、多くの点で著しく異なっていた。そうした相違点を素早く統合してしまうのではなく、むしろ強調したことが、同社の成功の大きな要因だったとオスペルは言う。

「これらのケースのほぼすべてが、わが社にユニークな能力や資源、フランチャイズ、あるいは企業文化上の特徴をもたらしました。こうした明らかな利点を誇張と言っていいほどに強調するのです。すると、その取引が急を要する絶対に必要なものだという感覚が生まれるのです。また、オープンで革新的な文化を維持するのにも役立ちます」

新しい取引のたびに、経営の刷新に必要な新鮮な視点と才能が流れ込んだ。

「ほとんどすべての合併や買収で、相手側の最上層部のリーダーがわれわれのトップチームに加わりました」

これほど多様なM&Aプログラムを実行する企業は、コミュニケーションの問題で大きな試練に立たされる。社内の戦略立案者にとっては、その取引は自社に欠けていたものを補い、非常に高いシナジーが期待できる方法であり、よく練り上げられた戦略に合致しているのかもしれないが、外部の人、ときには自社のマネジャーからさえ、一貫性のない戦略と思われる可能性がある。会社が右へ左へとよろめいているような印象を与えてしまうかもしれないのだ。

しかし、ピーター・ウフリ社長は、UBSにはそういう問題はなかったと言う。

「わが社の成功要因は戦略の一貫性です。会社には筋がとおった物語が必要でしょう。わが社にはきわめて一貫した戦略がありました。それがなければ信頼はすぐに失われます。それに、戦略は後からこじつけられるものでもありません。いま行おうとしている取引を戦略の枠組みのなかで説明でき、すべてのつじつまが合わなければならないのです。わが社には取引の基準が三つありますが、その一つは、戦略的に自明でなければならない、というものです。説明できるだけではだめなのです。自明でなければならないのです」

上級マネジャーは、合併に関するコミュニケーションに膨大な資源を投入し、精力的にベストプラクティスを適用したにもかかわらず、思うような成果が挙がらないのはなぜだろう、とよく考える。意外かもしれないが、多くの場合、合併を利害関係者のグループが直ちに理解し感情移入できる魅力的な「わが社の物語」として前もって語っていなかったことに原因がある。

合併に関するコミュニケーションをただ増強してもあまり得るところがないことに気づく会社が増えている。新しい統合のたびに「過剰なコミュニケーション」をエスカレートさせても、もはやほとんど効果が得られなくなったからだ。精力的なコミュニケーションの継続はもちろん非難されるべきではないが、重要な何かを見失っていないかをここで問い直したほうがよい。

> 何年もかけて合併に関するコミュニケーションのプロセスを強化しても、多くの会社では最小限の効果しか生まれなくなっている。

トップチームの課題と対比させると、問題がよく理解できる。第1章で見たように、トップチームの統合には、おざなりの関心しか向けられないことが多い。しかし、合併に関するコミュニケーションでは逆である。多くの会社は、見事に計画された包括的なコミュニケーション・プログラムを用意している。

しかし、トップチームの課題とコミュニケーションの課題への対応には、重要な類似点があるとも言える。つまり、統合に伴う任務を技術的にうまく行うことだけに注目していると、大きな絵を見失うおそれがあるということだ。トップチーム自体に「合併の究極のテンプレート」であるという自覚がなければ、マネジャーはそのテンプレートの質に十分な注意を払わなくなるかもしれない。合併で実現しようとしている新会社の姿が頂上に創造されないのだ。少なくとも、十分な形でタイミングよく生まれない。そして、その影響は会社全体に広がる。

コミュニケーションの場合、合併を会社の物語という大きな物語のなかに位置づける必要性には、せいぜい形式的な関心しか向けられない。その結果、マネジャーや従業員、その他の利害関係者グループごとにコミュニケーションをきめ細かく用意していても、期待どおりの影響を与えられなくなるのである。

コミュニケーションはやはり大切

今日では、経験豊富な統合チームは合併に関するコミュニケーションを驚くほど綿密に準備し、合併が発表された日から徹底的に実行している。従業員や投資家はもちろん、顧客、ビジネスパートナー、コミュニティ、規制当局などの主要な利害関係者グループは、それぞれの関心に即した十分な対応を受けている。コミュニケーションは複数のチャネルを通じて行われ、

あらゆるレベルのマネジメントが参加している。[原注1]

もちろん、コミュニケーションの仕組みだけが重要なのではない。伝えられるメッセージそのものも重要だ。上級マネジャーの利害関係者に対する不誠実な言動が、コミュニケーションの質を、意識的に、あるいは無意識的に損なう危険はつねにある。

たとえば、二つの専門事務所が合併したあるケースでは、双方のCEOは統合後もパートナーレベルの人材を解雇しないと約束していた。残念ながらこれが重い負担となって、翌年、約束を破らなければならなくなった。このような、将来どうなるかわからない非現実的な約束をしたい誘惑には、もちろん抵抗しなければならない。

また、CEOが合併をあまりにもバラ色に描くと、いたずらに利害関係者の期待を膨らませてしまい、対応に苦慮し、不信を買うおそれもある。リン・ピーコックは、二〇〇〇年にイギリスのバークレーズ銀行がはるかに規模の小さいウリッジ・ビルディング・ソサエティーを買収したときに統合マネジャーを務めている。彼女は、たとえ一言でも、不用意に「対等合併」という言葉を使うことが、いかに誤った印象を与えうるかを指摘した。どれほど慎重に配慮し、敬意を持って行われた買収でも、このような間違ったレッテルを貼るべきではない。

P&Gの会長、社長、CEOを兼任するA・G・ラフリーも、二〇〇五年に行ったジレットの買収に関して、この点を明確にすることが重要だと強調している。インタビューを行ったのは統合プロセスの初期段階だったが、彼はジレットの明らかな長所をいくつも挙げた。ジレットは新会社のなかでグローバルな事業単位となり、会社全体の革新に重要な貢献をするだろうと述べ、お互いに大いに学ぶことができると期待しているとも語った。

しかしこれは、統合に関するあらゆることが双方の話し合いによって決定される余地のある対等の合併ではないという。

「これは買収なのです。ですから、ジレットには当社の会計基準を採用し、すべて当社のプロセスに従ってもらうことになります。それが正しい方法だと思いますよ。ジレットのほうが優れているプロセスがあれば検討しますが、まずうちのシステムと構造を用いるのが前提です」

インタビューに答えた人の多くが、現実に徹することと信頼性の重要性を強調していた。第1章でも見たように、統合の過程で、合併会社が利害関係者からの信頼を勝ち取る「決定的な瞬間」が訪れることがある。従業員や利害関係者は、伝えられた情報だけを取り出して判断するわけではない。受け取ったメッセージを目の前にある現実と比較するのだ。

たとえば、ある合併会社は最上層の数レベルの人事を厳格かつ客観的な方法で行うとはっきり約束していた。残念ながら、この約束はほとんど守られなくなった。ある上級マネジャーによれば、約束を破った影響は、直接影響を被ったレベルのマネジャーだけにとどまらず、広い範囲に及んだという。

「組織のずっと下のほうの社員は、思っている以上に頭がいいんですよ。この状況を見れば、『こんなふうに管理職を決めるなんて、実際のところ、自分たちのことをどう考えているんだ』

と言いますよ」

おそらく最も重要なことであるが、合併に関するコミュニケーションはかなり前から、プロジェクトの効率を重視した視野の狭いアプローチ、つまり、統合プロセスを達成するために従業員が最低限知っておく必要があることだけを伝えるものから、より双方向的なアプローチへと進化している。

いまでは、ほとんどすべての合併コミュニケーション計画は、投資家からの支持を取りつけ、重要なマネジャーをつなぎとめ、顧客関係へのダメージを防ぐことを中心的な目的として策定されている。優れた統合リーダーは、そのような目的に照らして成功を継続的にモニターしている。また、絶え間ないフィードバックに基づいて大胆な計画修正も行っている。

従業員の現実的な不安は一昔前よりよく理解されるようになった。いまではそれらに速やかに直接対処することが重要だという認識が広まっている。

電子部品・コンピュータ製品およびサービスのプロバイダーであるアローエレクトロニクスのスティーブ・カウフマン会長は、従業員は「三つの質問」を抱えていると言う。「『解雇されないだろうか』『だれがボスになるのか』『給料はどうなるか』この三つで頭がいっぱいなんです。われわれが質問に答えるか、何らかの方向を示すまでは、ほかのことは考えません」

幸いにも今日では、従業員との質疑応答のセッションで、失職の不安に苛まれている人々を前に、上級マネジャーが冒頭から新会社の戦略をとうとうと述べ立てるといったことはほとんどなくなった。

たしかに、大きな絵を強調しすぎると逆効果にもなるが、幅広い見地から合併の位置づけを利害関係者に伝えることは、やはり重要である。時間的には合併という出来事の前から後までをカバーし、合併する両方の会社のあらゆる活動を含み、各利害関係者に独自の意味を持つこの物語を、われわれは「会社の物語」と呼んでいる。

この概念から、合併に関するコミュニケーションが成功に程遠い結果しか出せないことが多いのはなぜかを理解する重要なヒントが得られる。それは、従業員をはじめとする利害関係者が、合併を物語のなかに位置づけられないからなのだ。

要するに、その合併の意味を理解できないのである。もちろん合併の戦略的根拠が説明されるのに耳を傾けてはいるが、心の奥底では受け入れられないのだ。なぜなら、それが自分の理解のなかの会社の姿や、自分たちの合併の受け止め方とうまくかみ合わないからである。

コミュニケーションの試みはなかなか効果が出ないケースが多いが、技術的な問題があるわけではないため、洗練の度合いを高め続けても最終的な解答にはならない。一番の問題は、通常、合併の背景となる会社の物語が、合併発表前に効果的に伝えられていないことだ。前もって伝えられていなければ、合併に関するコミュニケーションを強化し、新たに焦点を絞ろうとしても、あまり効果がないのは当たり前である。

会社の物語のなかで合併する

ビジネス記者にとって合併は記事の種であり、それも非常に面白いことが多い。たとえ友好的な合併でも、大きな合併には人間ドラマがあふれている。さらに、しかるべき金融アナリストや競合会社、顧客に何本か電話をかければ、互いに矛盾するさまざまな解釈を引き出せる。また、業界から合併に対抗する動きが起きる可能性について興味深い憶測が流れることもある。

しかし多くの場合、合併を扱った記事は、統合が完了するはるか前に経済面から姿を消してしまう。取引の完了さえ待たずに見かけなくなるのも珍しくない。合併の物語の多くは、ニュースが一巡すればそれで終わりになるのだ。リン・ピーコックはこう語っている。

「もちろん、社内では、数カ月間は合併の話で持ちきりでした。しかしマスコミでは、そうではありません。合併の発表後間もなく、長文の記事が出なくなりました」

理想的なのは、ビジネス記者が合併を統合の最後の日まで報道し続けることだ。そうすれば、合併が実際に価値を創造しているかどうかを判断する材料となる多くの要素にもっと目が向けられるはずだ。それが続けば、合併を導き、最終的に健康な合併を達成するためには何をすべきかが幅広く議論されるようになるだろう。

事実、ある程度はこの方向に向かう傾向が見られる。それは、新しく発表された合併について、金融アナリスト顔負けの鋭く切り込んだ記事を書くジャーナリストが増えていることに表れている。また、大きな合併の数年後に、合併を検証した洞察に満ちた記事を目にすることも増えてきた。

ひと味違った物語を語る

上級マネジャーはどんな場合でも、合併の進行中にメディアとの関係をうまく処理するという目前の必要に屈して、コミュニケーションに関する自らの役割を狭く解釈してはならない。単に合併の物語をジャーナリストや金融アナリストなどの「合併の語り手」よりも豊かに魅力的に語ることだけが課題ではないのだ。

一種逆説的であるが、リーダーの成功は、実は利害関係者に合併は取り立てて物語るほどのことではないと強調できるかどうかにかかっているのだ。

合併をそれだけで完結した物語として語るのではなく、二つの会社の過去にさかのぼり、合併で生まれる新会社の未来に続く壮大な物語のなかの一つのエピソードとして伝えるのだ。

この物語では、合併だけでなく、会社のあらゆるプロジェクトや活動が語られる。物語の聴衆は、顧客、従業員、ビジネスパートナー、投資家など、会社の主要な利害関係者すべてである。企業は物語に託して、この会社はどういう会社であり、どこへ向かい、それが利害関係者それぞれにとってどういう意味を持つかを伝えるのだ。

合併だけでは会社の物語は完結しない。合併は物語の一つのエピソードにすぎない。

ここでの狙いは新しい形のコミュニケーションの紹介ではない。効果のほどはさまざまだが、どんな企業でもすでに大量の多彩なコミュニケーションが行われている。それらすべてをまとめて「会社の物語」という名前をつけて論じようとしているだけである。リーダーの役割は、各聴衆グループに応じて物語の強調点と形式を調整し、進展に合わせて細部をリフレッシュしながら何度も繰り返し語ることだ。

会社の物語は戦略という形では語り尽くせない。なぜなら物語は、各利害関係者グループを引きつけるために会社について語るべきことすべてを含まなければならないからだ。たとえば従業員にとって、キャリア上のチャンスと企業文化は物語の重要な要素である。ビジネスパートナーにとっては取引関係の条件が最大の関心事だ。

こう考えると、戦略とは、マネジャーや投資家、アナリストといった、会社がどう競争に立ち向かうのかを知る必要がある利害関係者にとって興味がある物語を、特別な形で語った一つのバージョンと理解できる。

決定的に重要なのは、だれも物語を完全にコントロールできないということだ。各利害関係者にとっての物語とは、会社から正式に聞かされた内容だけではない。自らが経験したことでもある。

ＢＡＥシステムズのマイク・ターナーＣＥＯはこの点を次のように説明している。

「納入業者にしても、お客さまにしても、当社と何らかの取引関係にある人々は皆、その経験から当社がどういう会社であるかをかなりよく把握しています。出発点はいつもそこです。われわれが何と言おうと、関係ありません」

したがって、一九九九年に同社（当時の名称は、ブリティッシュエアロスペース）がマルコーニを買収したとき、両社のビジネスパートナーは買収を解釈する明確な出発点を持っていたのである。

コミュニケーションは利害関係者が経験を形成するのを助けられる。だがそれも、聴き手が共感したときだけだ。少しでもかみ合わないところがあれば逆効果になるおそれがある。普段でも小さな不協和音がコミュニケーションを損なうことがあるが、合併の統合においてはその影響は何倍にも増幅される。

会社の物語は遠大なテーマである。そこに含まれるのは、戦略的計画はもちろん、マーケティング、従業員との関係、組織開発、企業のコミュニケーション、コミュニティ向け広報活動、投資家向け広報活動、マネジメント開発、サプライチェーン管理など、挙げればきりがない。

しかしここで、企業は各利害関係者に対してどうあるべきか、あるいはそのためにはどうすべきかを概説する難題に挑むつもりはない。

ここでの目的は、会社の物語が合併に関するコミュニケーションを行ううえで重要な背景になるのを示すことにある。合併でのコミュニケーションを、機械的にこなさなければならない課題と考えているマネジャーもいる。しかし、会社の物語は大きな広がりを持った背景を提供してくれるため、合併のコミュニケーションにとても大きな効果があるのだ。

会社の物語の力

会社の物語が、明確に、説得力を持って伝えられると、聴き手には今回の取引が物語のなかにどう位置づけられるのかが自然に見えてくる。直ちにその意味が理解されるのだ。興味深いことに、物語、とくに将来への展望に一貫性があることが、将来パートナーになる可能性のあるきわめて多様な企業に幅広くアピールするようである。マルセル・オスペルはこう言う。

「買収した会社のなかには、ほかの企業からも引く手あまただったところもいくつかありました。たとえば、ブリンソン・パートナーズやペインウェバーがそうでした。わが社に魅力的な長期的ビジョンがあったことが、これらの会社のリーダーを納得させる決め手になりました」

一連の合併のタイプがまったく異なり、偶発的なチャンスに乗じたものであっても、確固とした物語のなかで各ケースが「戦略的に自明」になっていれば、実行しやすくなる。総じて、一連の取引に一貫性がないように見えても、物語が明確に伝えられていれば、それらが物語に占める位置をすべての利害関係者が理解しやすくなる。

だが現実には、利害関係者にとって合併の発表は青天の霹靂《へきれき》であることが多い。突然の事態に当惑し、理解に苦しむ。その結果巻き起こる混乱に、CEOは不意を突かれるおそれがある。あるCEOは次のように語っている。

「市場の反応は、予想もしなかったほど否定的でした。それは株価よりもむしろアナリストや投資家からの声に如実に表れていました。『先月、非常にすばらしい話を提供してくれたばかりなのに、わずか三週間後にこの買収を発表して新しい不安材料を持ち込むとは。一体どういう必要があるのか』というわけです。戦略的根拠は非常に説得力があると思っていたのですが、期待したほどの支持を得られませんでした」

こういう立場に立たされたCEOならだれでもするように、このCEOもアナリストや投資家への説明に奔走した。それでなくても統合プロセスのせいで普段より余裕のない時間がさらに削りとられる結果となった。また、双方のマネジャーや従業員も、外部の懐疑的な態度に影

響されたため、社内コミュニケーションの問題も悪化した。

このように、利害関係者が合併を物語のなかでとらえられないと、深刻な結果を招く可能性がある。したがって、理想としては、影響を受ける利害関係者がそれぞれの関心に即してすんなりと合併を解釈できるほど、物語が利害関係者のグループにあらかじめ深く刻み込まれているべきなのだ。

> 合併が発表される前に会社の物語を効果的に伝えておくのが理想である。それによって、利害関係者は自ら合併を解釈できるからだ。

物語を前もって効果的に語るのに成功すれば、合併自体に必要なコミュニケーションの仕事は、発表の時点ですでに半分達成されたと言える。物語には合併の根拠があらかじめ織り込まれているからだ。また、会社が推進する合併以外のあらゆる主要な計画の根拠も当然含まれている。

「なぜこの合併を行うのか」という質問に対する答えは、「それが会社の物語をさらに前に進めるから」に尽きる。そうでない合併は、そもそも進めるべきではない。逆に会社の物語を前進させる合併であれば、例えそれが戦略計画から予見できない偶発的な合併であったとしても、統合に成功する可能性は高まる。

会社の物語とは、「なぜ」を体系化したものである。たいていの場合、伝達するには時間がかかり、本当に受け入れられるまでには多くの議論を重ねる必要がある。新しく就任したＣＥＯが前任者から受け継いだ物語を仕立て直し、利害関係者に伝達するには数年以上かかる場合もある。

一方、合併を発表するときに伝えなければならないのは「何を」「どのように」合併するかである。これらの点は、そのいくつかがどれほど受け入れがたくても、概念としてははるかに単純で理解されやすい。

「何を」と「どのように」は「なぜ」から自然に発生する。

たとえば、物語のなかに会社が新しい能力を開発するというテーマがあり、その重要なスキルを獲得するために買収を行う場合、統合はそれらのスキルを温存するような形で行わなければならないのは明らかだ。具体的には、才能ある人材を流出させないよう最大限の努力をし、その能力にかかわる被買収会社の特定の部分に親会社の影響が及ばないよう防護策をとる必要があるかもしれない。

さらに、プロジェクトの進行中も被買収会社の目に見えない強みを学ぶことに力を尽くし、統合プロセスを大胆に調整して、そうした強みを保護する必要もあるだろう。

いずれにしても、「なぜ」がはっきりしていれば、マネジャーと従業員はそれ以外もすぐに理解できる。

> 会社の物語の「なぜ」は、合併に関するコミュニケーションの「何を」と「どのように」を明確で説得力のあるものにするうえで大きな効果がある。

しかし残念ながら、今日では、合併発表の際のコミュニケーションは、二重の役割を果たすことを求められ、その重荷に苦しむことが多いのが現実である。その役割の一つは合併の現実的な細部を伝えること、もう一つは合併がそのなかで意味を持つ、より大きな会社の物語を同時に伝えることだ。

前もって物語を伝えるために精いっぱい努力していたとしても、リーダーにこの二重の重荷がのしかかってくる可能性がある。物語が利害関係者によく浸透していると間違って思い込むケースもあろう。アナリストや投資家からの抵抗に不意を突かれた前述のＣＥＯのケースのように、合併と物語の結びつきが自分には自明に思えても、アナリストや投資家にはまったく理解されないおそれもある。

このように、前もって物語を伝えるべきだというのが本書の主張である。しかし、それが必ずしも十分な効果を発揮するわけではない。取引が戦略上自明になるよう努力するべきだが、つねにそうなるとは期待できないのだ。

物語と合併を同時に伝達するのは必ずしも不可能な問題ではないが、それには非常に異なる二つのレベルで人々を引きつける必要がある。そして、そのバランスを取るのがカギなのだ。

そのバランスが一方に傾きすぎると、差し迫った現実的な不安を抱えた従業員やその他の人々の心に響かない抽象的な形で物語を語るという間違いを犯すことになる。逆の方向に傾きすぎた場合、合併の具体的な細部ばかりを強調して、従業員たちが合併を物語のなかに位置づけられなくしてしまう。つまり「なぜ」が見えなくなるのだ。

どちらに傾きすぎても同じように致命的な結果を招くおそれがある。人々が自分を心のない機械の歯車のように感じ、統合に伴う試練に何の意味も目的も見いだせなくなるからだ。

バランスの取れた中間の道を行くには、合併自体の話と、合併が重要な役割を果たすもっと大きな物語の間を行き来し続ける必要がある。

突き詰めれば、リーダーが取り組むべき課題は、合併に関するコミュニケーションを会社の物語のなかに位置づけることだ。それこそが、統合チームのなかの人事や対外関係の担当者などではなく、リーダーが自ら取り組むべき役割なのである。

「バックストーリー」の役割

CEOが合併に関するコミュニケーションで将来を強調するのは当然であり、適切でもあるが、それだけでは問題は解決できない。利害関係者が会社の将来にどんな可能性を見いだせるかは、物語の「バックストーリー」によって大きく左右されるからだ。「バックストーリー」とは、物語の前編、つまり利害関係者の考え方や行動に影響を与え続ける会社の過去の出来事である。[原注2] バックストーリーの影響に注意を払えば、それと矛盾しないように統合をそのうえに築いていける可能性がある。

ところがCEOのなかには、合併はいまから会社の物語をすっかり書き換えるチャンスであるかのような発言や行動をする人がいる。合併によってできる新会社には歴史がないという姿勢である。統合には過去を分解する一面があるのは否めない。だが現実には、バックストーリーの強力な影響に真剣に向き合わずに、合併会社を過去とはまったく異なる新しい未来に導くことができるリーダーはいない。

> 新規まき直しの合併はありえない。よくも悪くも、「バックストーリー」の影響は必ずある。

たとえばある大きなメーカーは、何年もの間、縦割りの弊害を克服するために組織設計上の実験を繰り返していた。機能別組織の垣根を越えた連携を促すため、構造とプロセスの両方を設計し直した。ところが、組織は新しい目標に抵抗し、それを導入したCEOが退職した後、後継者は長年なじんでいた機能別組織を復活させた。

マネジャーや従業員は、組織上の実験が反故《ほご》にされたことを鮮明に記憶していた。したがって、機能横断的な組織の失敗は、この会社のバックストーリーのなかで非常に大きな意味を持つ要素になった。統合プロセスや新会社で、少しでも機能横断的に動こうとすれば、抵抗に遭う可能性があった。そして、実際にそのとおりになったのである。抵抗に気づくのが遅れ、機能横断的な連携を前提としていた統合計画はほとんど成功しなかった。マネジャーや従業員はすぐにこう口にした。「以前それは試しましたが、うまくいきませんでした」

このとき、新しいCEOには何ができただろうか。まずはっきりしているのは、該当するマネジャーに、機能別組織が復活しても、その事実が統合プロセスで機能横断的な連携に協力しない言い訳にはならないとくぎを刺しておけばよかったということだ。また、統合の仕事を、過去の問題を克服するような形に構成することもできただろう。

たとえば、古い組織では機能別グループのトップが何カ月も論争しても合意に達しないことが問題の一つだったのなら、統合プロセスではCEO自身が最終的な決定を行う役割を引き受けるという方法が考えられる。

バックストーリーはもちろん負の遺産になるだけではない。スカイシェフの元CEO、マイケル・ケイは、同社が経営の建て直しに成功したことが変身への大きなエネルギーになったという。数年後のケイタリーエアの買収では、そのエネルギーが統合の成功に少なからず貢献した。

一九九〇年代初頭、同社はケイの陣頭指揮の下で、大々的な業績再建プログラムを敢行していた。これによって、勇気を持って「やればできる」という物語が会社内に生まれていた。それが一九九五年のケイターエア買収のための申し分のない下地になった。

あるとき、ケイは、もし一九九〇年代半ばに業界の統合再編の機が熟していなかったらどうしていたかと聞かれた。業績好転によって生まれた勢いはどこへ向かっていただろうか。答えはこうだった。

「引き続き大きな進歩に駆り立ててくれる別の何かを見つけていたでしょう。われわれはマネジャーや従業員、株主の間に、とてつもない野心を生み出していたのです。解き放たれた野獣は、もう檻には戻せません」

合併が終わった後も野獣は獲物を探してうろついていたが、今度は業績向上の焦点を社内に向けた。スカイシェフは大規模な調達刷新計画に着手し、製造業から始まった無駄を削減するテクニックを採用した。同社はその後も大きな変革を定期的に行おうとした。

「われわれは絶え間なく燃え立たせてくれるものを必要とする企業文化をつくり出したのです。『合併後の目標は達成した。後はこのまま続けていけばいい』とは言いませんでした」

このケースでは、最初に業績の好転があり、次に大規模な合併、それからさらなる業績改善の試みという流れがあったことに注目すべきである。この一連の動きすべてが一九九〇年代のスカイシェフの変革の物語を構成していた。こういう物語では、合併が最初の大きなエピソードではないことが非常に多い。そうである場合でも、本章で先に簡単に説明した理由から、物語を前もって利害関係者のグループに十分に伝達しておくべきである。

勢いのわな

最高速度で航行している外洋航路船の進路を変えるには数マイルもかかる。強力な物語によっていったんある方向への動きに勢いがついた場合も同じである。利害関係者はバックストーリーを将来に投影しようとするからだ。

先の例のように、活力を与えてくれる物語が続くことをむしろマネジャーたち自身が望む場合がある。一方で、物語に起きている変化の重要性をどれほど粘り強く訴えても、利害関係者がなかなか納得しない場合もある。

たとえば、立て続けに合併を繰り返していると、その後、有機的成長路線に切り替えるというはっきりとしたシグナルを発しても、ビジネスジャーナリストや金融アナリストは次の合併相手はどこかという憶測を止めようとしないだろう。そのため、路線変更はさらに難しくなるおそれがある。

ピーター・ウフリにM&A路線から有機的成長に方向転換するのは難しいだろうかと質問すると、「まったくそのとおりです。それが、いまの私の最大の課題です。マスコミを見ればわかりますよ。われわれの言うことを信じようとしない。三カ月ごとに、われわれがあちこちに合併を持ちかけているという記事が出るのはそのためです」と答えた。

興味深いことに、マスコミはCEOの言うことを信じようとしないのに、それでもなおCEOがマスコミに言ったことについては責任を負わせようとする。あるヨーロッパ人のCEOが経験したのはまさにそれだった。彼は有機的成長路線への切り替えを表明していたにもかかわらず、その後大きな合併を行って市場とマスコミを驚かせた。信用は著しく損なわれ、合併そのものと同じほどの注目を集めた。

方向転換に伴う課題の一つは利害関係者にその変化を知らせることであり、一つは会社がそれに成功できると彼らに納得させること、そしてもう一つはもちろん実際に成功することである。ウフリは次のようにコメントしている。

「われわれは買収と統合は非常に得意ですが、有機的成長に関してはまだそれほどではありません。有機的成長には忍耐とマネジメントの再編が求められ、進み具合を見きわめるための財務手段もいままでとは違うものが必要になります。まったく別方式のオペレーションなんです」

社内のマネジャーも含めた利害関係者のグループは、一度成功を体験すると「同じ」種類の成功を期待するようになる。会社の物語の聴衆はもともと保守的なのだ。先に挙げた不意打ちを食わされたCEOのケースで見たように、聴き手には十分うまくいっているように思われる物語を変更しようとすれば、それを納得させるのは並大抵のことではない。

バックストーリーをどう扱うか

合併会社の将来に物語の焦点を合わせようと努めても、従業員やその他の利害関係者は当然自分たちが最もよく知っていること、つまりバックストーリーとの関連で理解しようとする。合併はバックストーリーと決別するというシグナルを発しているのだろうか。それとも、バックストーリーの継続を意味しているのだろうか。もっと細かく言えば、何が変わり、何が変わらないのだろうか。

したがって、会社の物語を伝えるときには、過去をすべて消し去ろうとしてはいけない。聴衆が立っているところから始めるのだ。たとえば、合併は規模を拡大するという物語の継続であり、競争相手を取り込むことによってそれを行うというシグナルを発せられるかもしれない。

しかし同時に、相手の会社に重要な新しい事業の基盤となりうる能力がある場合もある。これは実際によくある合併のパターンだ。全社レベルでは継続、特定の事業分野では大きな変革、という組み合わせである。この場合、物語がそのまま続く分野と、大きな変化がある分野の両方を、利害関係者にはっきりと認識させることが重要である。

> 合併が、どういう点で「勢いの継続の物語」であり、どういう点で「決別の物語」であるかを利害関係者が理解できなければならない。

たとえば、一九九一年のケミカル銀行とマニュファクチャラーズ・ハノーバーの合併で始まった四つの銀行合併を考えてみよう。一九九六年にはチェース・マンハッタン銀行、二〇〇一年にはJPモルガン、二〇〇四年にはバンク・ワンとの合併が続いた。これらはすべて、大幅な規模拡大というJPモルガン・チェースの戦略目標に向けて弾みをつけるものであったので、単純に解釈すれば、一九九〇年代初頭に決別の物語で始まり、五年後、一〇年後、一三年後の二度目、三度目、四度目の合併で規模を拡大しながら勢いの継続の物語へと移行したということになる。しかし、JPモルガンとの合併では投資銀行業務に大きく進出し、バンク・ワンとの合併ではニューヨーク市域外に初めて大規模なリテール業務を確立しつつある。

この最後の二件の合併で、同行が決別の物語に戻ったのかどうかを議論してもあまり意味がない。しかし、物語が時とともにどんな変化を見せ、どういう点が変わっていないのかを、投資家や従業員、そのほかの利害関係者に認知させることは非常に重要である。投資銀行業務への大型進出とリテール業務の地理的な拡大はまさに新しい動きであるが、その背景には絶え間なく規模を拡大しようとする勢いがあるのだ。

要するに、バックストーリーの影響は、よくも悪くもさまざまな形で現れる。一般的には、バックストーリーには保守的な効果がある。すでにある勢いをさらに強め、大きな方向転換を阻止するように働くのだ。大規模な合併のショックが、会社の軌道に、少なくとも合併直後の軌道に与える影響が驚くほど少ないケースがあるのはこのためだ。合併はバックストーリーを再確認するものと安易に解釈されるおそれがある。「これもすぐに過去のものになるだろう」ではなく、「これも前と同じだ」という反応である。

合併の長期にわたる総合的な影響、本書で言えば「健康」は、リーダーが利害関係者のこういう解釈をいかに効果的に誘導できるかによって微妙に変わってくる。たとえば、小規模な買収を利用して、自らの企業文化と能力を広い範囲にわたって変えることができるかもしれない。UBSのケースが証明するように、これは実際に可能である。しかし、オスペルも指摘するとおり、そのためには被買収会社のこうした貴重な特徴がもたらす「影響を誇張と言ってもいいほどに」繰り返し強調しなければならないのである。

コミュニケーションは、メッセージを届けるだけではない。受け手の関心に応え、好ましい反応を引き出すような形で、相手を引きつけることも重要なのだ。優れたコミュニケーターは、昔からそういう種類のメッセージを発信してきた。

ここでの最大の課題は、想像力を大いに働かせ、合併の健康を左右する従業員をはじめとする多くの利害関係者のネットワーク全体を深く理解することである。これはどんな場合でも非常に難しく、上級マネジャーが多大な時間を充てなければならない仕事である。

会社の物語というコンセプトが貢献できるのはこの点である。とくにコミュニケーションは、ともすれば単なるメッセージの伝達になってしまうが、物語はそういう怠惰な悪癖に陥るおそれがないからである。

第3章

Establishing a New Performance Culture

[リーダーシップの課題3]

新しいパフォーマンス文化を確立する

文化という出発点

「皆さん、私のことを最悪の悪夢だと思っているんでしょう。南から征服しにきた悪の帝国。おまけにロサンゼルスの会社だ。せめてボストンの会社ならよかったのに。いや、ロス以外ならどこでもいい、とね」

カリフォルニアに本拠を置くバイオテクノロジーの巨人、アムジェンの会長兼社長兼CEOのケビン・シェアラーはシアトルにいた。二〇〇二年に買収したイミュネックスの従業員を前に冗談を言っているのだ。しかし、二つの企業文化を融合させるのは笑い事では済まなかった。

一九九四年のシナジェンとの統合は「紛れもなく惨憺たる失敗だったが、何をしてはいけないかを学ぶ貴重な経験」になり、八年後のイミュネックスの買収に大いに役立ったとシェアラーは言う。最初の買収は、催眠剤の大ヒットで経済的には元が取れたが、その統合は、どの関係者にとっても必要以上の混乱と痛みを伴うものだった。シェアラーはその経験を二度と繰り返すまいと決意していた。

そこでシェアラーは、イミュネックスの買収の発表後すぐに、シナジェン出身でアムジェンに残っていた数少ないマネジャーと何度か特別の会合を持った。これで買収されるほうの立場が理解できるようになり、それに基づいて、アムジェン側のマネジャーの、相手を思いやる感受性を高めようと努めた。

「しょっちゅう皆を集めて言いました。『イミュネックスの人と話をするときは、彼らがどう感じているか理解しなければならない。うちが巨大製薬会社に買収され、その会社の人たちの話を聞いていると想像するんだ。どんな気がするだろうか。イミュネックスにとっては、われわれが巨大製薬会社なんだ』」

少し前までは、買収企業がこれほど買収相手の立場を思いやる態度を示すことはめったになかった。今日では、買収を行う企業の多くがそうしようと努めているが、アムジェンの例ほど徹底的に行う企業はあまりない。合併相手について少し深く学ぼうとしても、統合の重圧の下では、とても時間や心の余裕がないのだ。とはいうものの、多くの企業がいままで以上の決意でこれに取り組もうとしているのを見るのは喜ばしい。きわめて健康的な傾向である。[原注1]

こうした企業文化の問題に直面するマネジャーは、「企業の性格」とでも言うものが重要だと気づいてきた。たとえば、相手会社の強みを学ぶのに求められる忍耐と開放性と謙虚さ、そうした強みを守るためには妥協をいとわないという意志、相手側の人々が統合でどんな経験をしているかを純粋に思いやる心、不愉快な問題を「自己満足的」な言辞で糊塗《こと》しようとする誘惑に負けない抵抗力などである。こうした特質すべてにおいて、統合期間の試練の下でも人間としての基本的なレベルの良識を働かせ続けることが求められる。

上級マネジャーの大多数は、そしておそらく本書の読者の大多数も、文化の問題への上手な対処が統合の成功に欠かせない重要な要素であると考えている。これに賛成しない人もわずかながらいるかもしれないが、文化の重要性の論証は本書の趣旨を大きく超えてしまう。したがってここでは、文化が重要であることを前提として議論を進める。

しかし、だからといって、このテーマへの取り組みがそれほど簡単になるわけではない。総論では文化が重要だという意見で一致していても、文化について何をなすべきかとなると、同じようなコンセンサスは見られないからだ。ひとくくりに「文化の統合」という名の下で実際に行われていることは、千差万別であるのが実情だ。

> マネジャーのほぼ全員が、合併では文化が決定的に重要な役割を果たすと言うが、意見が一致するのはそこまでである。

ここで重要なのは「パフォーマンス文化」、つまり企業の文化的特徴のなかでも新会社の価値創造に最も強い影響を与える特徴からなる部分的な文化を確立することである。何と言っても合併の成功は、最終的に新会社のマネジャーと従業員が価値創造のためにどのように協働するかにかかっているのだ。

このパフォーマンス文化は、確立させようとする努力が少なすぎても多すぎても失敗するおそれがある。

極端な不干渉主義的アプローチを取れば、狙いどおりの価値を創造するために必要なエネルギーと統制を欠いた会社が生まれる危険がある。誕生した会社の文化のある面が、どちらの前身会社の文化よりも劣ることが判明するケースさえある。

逆に、統合期間内に文化まですっかり統合してしまおうとするのも問題がある。そのようなアプローチはプロジェクトに一層の負担をかけるため、顧客の保持やコア・プロセス[訳注4]の円滑な運営といった重要なビジネス目標の達成を妨げるおそれがある。

このように、文化を過度に重視すると、皮肉にも二社間の文化の衝突を引き起こすという逆効果を生むことも考えられる。

パフォーマンス文化に焦点を当てるのは単純に見えるかもしれないが、現実には「文化に敏感な」マネジャーにとっても非常に難しい挑戦になる。たとえば、多くの上級マネジャーは文化が企業の業績に及ぼす影響についてきわめて明確に語れる。この文化的特性のプラス効果はこれで、マイナス効果はそれと、正確に診断を下せるほどだ。ところがこうしたマネジャーの多くは、文化をよい方向に変えることについて、無意識のうちに安易な見方をしている。文化を現実以上に簡単につくり変えられると考えているのだ。

とくに、この章で後述する文化に関する二つの根強い神話のどちらかを信じていると、思わぬ結果を招きかねない。マネジャーが「適者生存の神話」か「文化統合の神話」のいずれかに執着していると、統合プロセスで文化を扱うのにあまり効果がないアプローチを取るおそれがある。

そこで、まず明らかに健全であると大方の意見が一致しているいくつかの点を簡単に見た後、二つの文化の神話を詳しく検討していこう。こうした点が明らかになれば、どのような合併の健康にも非常に重要な「パフォーマンス文化を確立するための確実なアプローチとは何か」を定義できる。文化を価値に結びつけるには、こうした問題を慎重に把握する必要がある。

進展する文化のマネジメント

合併における文化という複雑なテーマを扱った学術的研究から、いくつかの仮説が生まれている。なかには互いに相いれない説もある。[原注2]

しかし近年、優れた統合リーダーたちの間では、文化のマネジメントに関して三つの明らかな進展が生まれている。

①文化に関連のある戦略上のリスクを特定し、②双方の文化が互いに相手側より優れている点を厳密に診断し、③文化を統合計画に織り込んでいるのだ。この三つの活動それぞれについて詳しく見ていく必要があるだろう。

①文化に関連する戦略上のリスクを特定する

戦略上重要な文化的特徴が、統合の間に危機にさらされるのは明らかだ。そうした特徴を双方が持つこともあるが、ほとんどの場合、とくに注目されるのは二社のうち弱い立場にあるほうだ。失敗した買収劇がビジネス記事で大きく取り上げられることも、弱者に関心を向けさせるのに一役買っている。

こういう失敗事例では、買収側が被買収会社の企業家精神や革新性を抑圧したと非難される。強いほうの会社は、自分が買ったものを破壊した、官僚的で傲慢なパートナーとされてしまうのだ。

そうした論調が、過去二〇年、繰り返されてきたため、合併の経験がまったくないマネジャーまでもが、巨大企業が小さな好業績企業を買収する記事を読むと、危険を嗅ぎ取るのだ。

②双方の文化が互いに相手側より優れている点を厳密に診断する

しかし、マネジャーたちの間には、対等の合併でも文化に関連した深刻な戦略上のリスクが発生しうるという認識が広がってきている。今日、こうしたケースでは、重要な分野での文化的な強みがどちらの側にあってもおかしくないと考えられている。

携帯電話大手オレンジのジャン・フランソワ・ポンタルCEOは、この点を次のように表現している。

「私はいつも、相手側の文化に、わが社をもっと強くしてくれる何かがあるかもしれないという前提で出発します。そうでなければ、わざわざその何かを探そうとはしないでしょう」

したがって普通は、双方が相手にあって自分にない強みを探し出し、とらえようと努める。もちろん、客観的に見て、ビジネスに関連したすべての側面あるいはそのほとんどにおいて、一方の会社の文化が優れているケースもある。これを前提とするのは道徳的に正しくないかもしれないが、株主への責任がある経営者が見過ごしてはならない現実的な可能性である。成功を収めている連続買収企業が実施している速いペースのロールアップ[訳注5]プログラムは、まさにこのような冷徹な視点に基づいている。

厳密に言えば、どちらが文化的に強いかの診断は必ずしも重要ではない。しかし本書では、一般的にその点が重要な意味を持つ対等合併と、被買収会社の規模が大きい買収に焦点を当てていく。

また、少数ではあるが、文化が弱いほうの会社の何人かの経営幹部が、相手側の経営幹部よりも、新会社の文化を推進する役割に適している場合もある。たとえば、自分自身が何年か前に率いていた会社を買収したCEOがいる。彼はその理由として、現在の会社が前の会社のより業績志向が強い経営文化を必要としていたこと、それを現在の会社に少しずつ植えつけるのをあきらめたことを挙げた。

③ 文化を統合計画に織り込む

これらの二つの進歩、すなわち、①の文化が戦略的に重要な意味を持つという発見と、②のどちらの側にも貴重な文化的強みがある可能性があるという認識から、第三の進歩、つまり文化を重要な要素として統合計画に織り込むという決意が生まれるのは、ごく自然なことだ。

一般的に、重要な文化的特徴を保持しようとすれば、マネジャーの統合に対する視点は保守的になりがちだ。事実、交渉段階から文化が検討課題になることがある。たとえば、アローエレクトロニクスのスティーブ・カウフマン会長は、文化統合の問題が難しくないとわかっている会社に対しては、より高額で買収する用意があったと言う。

また、一〇年間に、三度にわたってニューヨークの銀行の巨大合併を行ったJPモルガン・チェースのウィリアム・ハリソンCEOは、合併のたびに必ず「文化の違いが対処できる範囲内にある」相手かどうかを確認したと語った。対応可能な差異を利用すれば、より強い会社を築くことができるのだ。

同じ経験をしたのは、ノルデア銀行（一連のスカンジナビア諸国の銀行の合併で生まれた銀行が二〇〇一年に採用した現在の名称）の元グループCEO、トーリーフ・クラルップであり、こう言う。

「文化の違いはよい影響を与え、これらの違いを受け入れるオープンな態度がいずれは途方もないシナジーとエネルギーを生み出すことを信じる必要があります」

したがって、合併でよい成果を挙げている会社が、新しい合併相手との間に何らかの文化的差異を見いだし、そのリスクとチャンスの両方を統合計画に盛り込んでいるのは驚くことではないのだ。

残念ながら、これをどのように行うべきかについては意見が分かれている。双方の会社の密接なかかわりから自然に好ましい文化が生まれるという仮定に基づいて「放任主義的」アプローチを取っている会社もある。その対極には、「介入主義的」傾向が強いアプローチを取る会社がある。そういう会社では、綿密な文化統合プログラムをつくり、とくに文化をテーマとして取り上げ、広く議論するワークショップを繰り返している。ほとんどの会社は、善意の放置と積極的な介入という両極端の間のどこかに位置している。

> 企業のリーダーは合併会社の文化に影響を与えるために何かをなすべきだとしても、何をなすべきかについての一致した見解はない。

リーダーがどちら寄りのアプローチを取るかは、合併における文化に関して広く信じられている二つの神話のどちらを無意識に受け入れているかによると考えられる。二つの神話のどちらを採っても好ましくない結果が生まれやすい。マネジャーが既定のアプローチに頼って、目の前にある現実のケースには何が必要なのかを自分で判断しようとしなくなるからだ。

企業文化の2つの神話

多くのマネジャーは、無意識のうちに、企業文化について広く信じられている二つの神話のどちらかに縛られている。❶「適者生存の神話」は、文化が自然に接触するなかで優れているほうの文化が自動的に勝利すると考える。❷「文化統合の神話」を採れば、合併会社の文化について心配する必要はなくなる。なぜなら文化は可塑性に富むもので、あわただしい統合の間に思いのままにつくり変えられると考えるからだ。したがって、二つの前身会社の文化にはほとんど拘束されないことになる。

ありがたいことに、どちらの神話も実態が解明されれば比較的容易に一掃できる。どちらも厳密に考えれば、根拠は崩れて消え去る。

❶適者生存の神話

自社より業績が劣る会社を買収する企業は、とくに適者生存の神話にとらわれるようだ。ヨーロッパのある銀行のＣＥＯは、買収側企業の文化の優位性は被買収会社のマネジャーも認識しているので、どちらの文化が優勢になるかは疑問の余地がないと主張した。したがって、被買収企業の文化の弱点に対処するために具体的な措置を講じる必要はないと言う。

買収側が、被買収企業の弱い文化が優勢になるはずはないと思い込むのは無理もない。両社の規模に大きな差があるときはとくにそうだ。しかし、被買収企業の弱い文化は消滅する運命にあると決めてかかるのは合理的ではない。

通常は、自分の会社より業績の悪い会社を買ってその業績を向上させるほうが、業績のよい会社を買って、その力によって自社の業績を改善しようとするより成功する可能性は高い。だがそれも確実に成功するわけではなく、弱い文化が強い文化とともに何年も生き続けることもありえる。むしろ、そういう結果のほうが多い。

したがって、GEキャピタルなどの、ロールアップ戦略を採用して被買収企業の業績向上に成功している連続買収企業は、適者生存の神話を信じてはいない。彼らは自分たちの優れた文化をきわめて厳格かつ組織的に被買収企業に強制している。[原注3]

対等合併では、状況はもっと複雑だ。買収側の会社が被買収企業より何倍も大きい場合のような際立った優越性がどちら側にもないため、事実上双方の文化が「生きている」ことになる。最終的にどちらが優勢になってもおかしくない。悪くすれば二つの文化の組み合わせのなかで考えられる最悪の組み合わせが出現する可能性も十分にある。

なぜそうなるのかを理解するには、合併では二つの文化がどのように作用し合うのか、とくに、最終的に勝ち残ったほうはどういう意味で真の「適者」であるのかを、注意深く検討する必要がある。

合併会社内部の競争を勝ち抜くのに最も適した競争者は、統合によって生じる人工的な圧力釜のような環境で生き延びるのに最も適した特徴を備えた会社であるのをこれまで見てきた。しかしこういう特徴は、統合が終わった後に合併会社が市場での対外的な競争に勝つために必要とする特徴と必ずしも同じではないかもしれない。その場合、社内の生存競争に最も適した者が生き残るものの、合併会社の対外的な競争力は弱まる結果になる。

「競争に最も適した」企業の文化が自動的に優勢になると考えている人たちは、自らに問う必要がある。「果たして何の競争に適しているのか」と。

統合の間は、たとえば長期的な能力開発と顧客との関係強化に高い価値を置く革新的で協調的な文化より、攻撃的で数字志向の強い個人主義的な文化がはるかに優勢になるかもしれない。こういう状況では、数字で表された短期的な結果という「現金」が、形の見えない将来の「オプション」より高く評価されがちだ。

この状況は、一つの水槽にワニとイルカを入れるのと似ている。種としては、イルカのほうがはるかに進化した知性を持っているが、ワニに遭ってはひとたまりもない。

ある二つの専門サービス事務所の合併の大きな根拠は、「オプション」タイプの事務所の協調性と世界展望を、「現金」タイプの事務所に浸透させられるだろうというものだった。これは戦略としては筋がとおっていた。なぜなら、顧客は「オプション」タイプの事務所だけが提供できるようなサービスを求めていたからだ。

顧客の要求に応えるために、「オプション」タイプの事務所は綿密なシステムとプロセスをつくり上げていた。とはいえ、複雑な要求にだれが最も貢献しているかは、必ずしも明白ではなかった。もう一方の事務所では、成績を評価するのは簡単だった。目に見えない貢献は無視されたからだ。

「オプション」タイプの事務所の元パートナーは次のように説明している。

「想像できるでしょう。攻撃的なほうの事務所のマネジャーが、そうでないほうの事務所のマネジャーに向かってこう言うんです。『君、売り上げは』。すると相手はこう答える。『今月はちょっと少ないんだ。シンガポールのチームを手伝っていたからね』。しかし、そういうことを重視しない人にとっては、それはあまり意味がないことです」

統合の間には、驚くほど多くの人が、このような協調性を一時的に重視しなくなるおそれがある。

ブリティッシュエアロスペースは、一九九九年にマルコーニ・エレクトロニック・システムズを買収した数年前から「ベンチマーキング」[訳注6]を用いた文化変革プログラムを実行しており、組織のあらゆるレベルの従業員が参加していた。会長のサー・リチャード・エバンスは、マルコーニのマネジャーがたちまちブリティッシュエアロスペースの文化に傾倒したと満足を込めて振り返っている。

「ほかの人たちの話から判断すれば、ブリティッシュエアロスペースの価値は相当強く浸透していると感じられているようです。マルコーニのマネジャーたちはそれを見てこう言いました。『私たちも取り入れたい。私たちはこういう文化の下で働きたいんです。それがもうここにあるんですから、そちらのやり方に異存はありませんよ』」

しかし、統合の間に、ベンチマーキング・プログラムで重要な位置を占める「ソフトな」側面のいくつかが途中で挫折した。一方、マルコーニ出身者がもたらした成果志向は新会社のなかで着実に評価を得てきた。エバンスはもともと、統合期間中はベンチマーキングを停止して終了後に復活させるつもりだったが、プログラムはついに再開されなかった。彼は、合併は全体としては成功だったが、ベンチマーキングがもっと役割を果たせていればさらによい結果が生まれていただろうと言う。

「人のマネジメントをもっとうまくやることが重要だったと思います。成功を急ぐあまり、後戻りしてしまいました。もう二年ほどベンチマーキング・プログラムが進んでいれば、わが社の価値はもっとよく守れたでしょう」

しかし、現CEOのマイク・ターナーは、プログラムに何の未練もない。

「ベンチマーキングのプログラムで、われわれは少し弱腰になっていたと思います。あれはある意味副次的なもので、本当のビジネスから離れたものだったんです。そして問題は、私から見れば、本当のビジネスの邪魔をする余計な仕事をつくり出していたということです。マルコーニはすでに成果主義の会社でした。だから、合併のタイミングはよかったと思います。いままではわが社は完全に成果に焦点が合っています。もちろん社員の面倒をよく見ますし、お客さまも大切にします。それに、革新は続けなければなりません。でも、成果も挙げなければならないんです。競争は厳しいんですよ」

ある意味では、ブリティッシュエアロスペースの文化が勝つようにと、双方のマネジャーが「談合」していたにもかかわらず、マルコーニの文化が社内の競争に「勝った」という点では、エバンスとターナーの意見は一致している。しかしターナーは、どちらの結果になったとしても対外競争がブリティッシュエアロスペースをマルコーニの文化寄りに動かしていたはずだと言う。さらに、文化変革プログラムが緩和されたのは、合併の健康的な副産物だと考えられるとさえ主張している。エバンスの意見はもちろん違う。

この論争に終止符を打つ方法はない。しかし、このケースから明らかになるのは、統合プロセスでは単純に二つの文化のうち「最も適した」文化が優勢になるとは限らないこと、そしてそこでは何に「適している」のかさえ問い直される可能性があることだ。

❷ 文化統合の神話

自分の会社がはるかに大きな会社に買収され、独自性を失うと、従業員はどんな思いをするだろうか。ケビン・シェアラーはずばりこう言う。

「征服されたように感じるんです。どんなに言葉を飾っても同じです。『これは対等な合併だ』『おたくはすばらしい会社だ。一緒にもっとすばらしい会社をつくりましょう』などと言われても、現実にはイミュネックスの名前は消えるんです。それはつらいですよ」

なぜそんなにつらいのだろうか。新しい文化規範を取り入れたり、自分と相手の文化の間で双方が受け入れられる妥協点を探すのが、なぜそれほど難しいのだろう。この問題が誇張されているように見えるなら、文化を考えるときに何よりもまず国民性の違いを言うように、いくつかの表面的なスタイルの差でとらえようとするからかもしれない。たとえば、日本人は礼儀正しい、ドイツ人は規律を重んじる、アメリカ人はカジュアルだというたぐいだ。

しかし、二つの会社が一つになるときは、それよりはるかに根深い文化の違いが、あらゆる領域に、しかも無数にあることに気づく。それらが、ビジネスがどのように行われているか、あるいは行われていないかに現実的な影響を与えている。

統合によって違いが一層際立つのは、会社が父権的介入と個人の説明責任のどちらに重きを置いているかという点である。マネジャーにかかる成果へのプレッシャーがどれくらい強くなると、その恩恵を上回る機能不全的な行動を引き起こすのだろうか。

どんな業界にも、この問題に前記の対照的な二つのアプローチの一方を取って成功している企業が最低一つずつはあるはずだ。そういう二つの企業が合併するとき、合併した会社ではどういう設定が正しいのかという問いに対する決定的な答えはない。これはとりわけ会社の戦略によって左右される問題なのだ。

別の例を挙げてみよう。片方の会社は意思決定の明確さと、いったん決定した事項を押しとおすことにこだわるが、もう一方の会社は一度決定した事項でも新しい事実やアイデアが出てくれば再検討をいとわない姿勢である、という例だ。

BAEシステムズのグループHRディレクター、アリステア・イムリーは、同社の統合の際、まさにこの文化の違いを経験した。


「マルコーニのマネジメント文化では、いったん何かを決定したら全員が決定どおりに行動します。ブリティッシュエアロスペースの意思決定プロセスは、皆が一応何かの決定をしたと思っていても、一定の割合の人はその線に従わなければならないと感じないし、またある程度の人は、その線から少し、ときには大きく離れる自由があると思っているような、あいまいさがあるんです」

統合のパートナーが、それぞれのなじみの意思決定ルールやルーティンにどれほど執着する可能性があるかは容易に想像できる。それは、投資対効果検討書の作成のルールといった細かい点にまで及ぶ。

ジョン・マグラーは、ディアジオの二つの前身会社に見た対照的な文化を少し誇張して、次のように指摘した。

「漫画にするなら、グランドメトロポリタンの経営陣はデータ無視の早撃ちガンマンで、ギネスは分析のしすぎで動きの取れない分析麻痺患者でした。しかし、どちらの会社でも何か買い物をすれば、われわれが払ってもいいいと思う額の二倍は払わされていたはずです。どちらの例えも完全に正しいとは言えませんが、真実の一端は伝えているでしょう」

このような違いをめぐって、両者が角を突き合わせる機会はふんだんにある。たとえば、一方はシナジーを予測するためにはまだまだ多くの作業が必要だと思っていても、もう一方は分析をやめて先に進みたくてうずうずしているかもしれない。

投資対効果検討書の形式でさえ、障害のもとになる。二〇〇四年にGEメディカル・システムズとアマシャムplcが合併してGEヘルスケアが誕生したとき、GEのマネジャーは、高い業績を挙げている被買収会社のマネジャーたちが、ビジネスコミュニケーションにテキストベースのメモをいまだに使っていることを知った。GEではとうの昔にパワーポイントでのプレゼンテーションにとって代わられていた。しばらくの間、両者は相手のやり方を腹立たしく感じていた。

ほとんどの統合に影響を及ぼすもう一つの文化の違いは、意思決定が行われる場所である。分権的な会社では、重要な意思決定権限をめぐって、本部と現場の間に何らかの緊張がある。大多数の会社は、双方が納得する合理的な妥協点を見いだし、時に応じて修正している。

しかし、二つの会社が統合する場合は、双方が妥協に達したと思っていてもそれぞれが思っている妥協点に食い違いが生じるのが普通である。こうした行き違いは、CEOの思考にはまったく影響を及ぼさないかもしれないが、本部から遠く離れたところにいる中核的な従業員にとっては、きわめて重要性が高い可能性がある。

スティーブ・カウフマンは次のような例を挙げた。


「たとえば、営業の力が強い会社を買うとします。そこでは注文は絶対です。どんな顧客やサプライヤーにも、よい返事をして、後はバックオフィスが何とかするものだと思っています。こちらの基準を適用しようとすれば、締めつけだと感じるセールスパーソンもいるでしょう。彼らはこう言うんです。『本部に座っている事務員風情が、私に指図するというのか。いったいどういうことだ。私はゼネラルマネジャーなんだぞ』」

セールスパーソンにしてみれば、買収側がもたらすはずの「現実的な」恩恵、たとえば歩合率や製品ラインの競争力が上がることなどより、権限を失うほうが重要な問題なのだ。中央集権か分権かという企業哲学の違いの問題は、一見ささいに思われることでも、現場の社員を大量に失う原因になりかねない。工場の閉鎖や製品ラインの打ち切りといった「大きな」決定の影響だけに目を向けていると、収益に思わぬ打撃を受けるおそれがある。

国境を越えた合併では、コミュニケーション上の失敗が、こうした問題をさらに大きくする可能性がある。オレンジの元CEO、ジャン・フランソワ・ポンタルは、イギリス人の暗黙の「ノー」が、フランス人によって明確な「イエス」に翻訳された例を語ってくれた。

「ご存じのように、フランス人はアドリブがとても得意です。何か問題があり、アイデアがひらめくと、次から次に思ったことを口に出します。最初、イギリス側はフランス側が向かっている方向を察知すると、『それは面白いですね。考えてみましょう』と言っていました。『それはだめです』とは決して言わなかったんです。だからフランス側はイギリス側が同意したものとすっかり思い込んでしまいました。最後の瞬間、まずいことになりました。実は、イギリス側がとても怒っていたことがわかったのです」

ポンタルは「国民性の違いが大きな問題になるのは、お互いを理解していないのに理解していると思い込むからです」と結んだ。相手側の言語を実務レベルで話せたとしても、このギャップを埋めるのには足りないのだ。もちろんこれは国際的な経験があるマネジャーにとってはおなじみの問題だが、統合の重圧の下では、異文化理解がまだ表面的なものにとどまっている段階でも、十分に理解したと言いたい誘惑が強まるものなのだ。

同じ業界の、おそらくは同じ都市に本部があるライバル企業だと、さらに思い込みが大きくなりやすい。自社の方法とそれほど大きく違うことはしていないだろうと考えてしまうのだ。「同じ生命保険会社だし、しょっちゅう会議で顔を合わせている。どんな連中かわかっているから、あそこを買えば統合は簡単だろう」と楽観視するのだ。

しかしそこにわながある。

たとえば、買収するほうの保険会社がコミッション・キャップ制度を相手にも課したとする。これで「一線」を越えてしまったと気づいたときには、被買収会社から何人のセールスパーソンが逃げ出しているだろうか。

一九八八年にドイツのバイエリッシュ・ヒポテケン・ウント・フェラインスバンク（現HVBグループ）を誕生させた合併を指揮したハンス・ゲルト・ペンツェルは、ほんの二キロメートルしか離れていないバイエルンの二つの銀行のマネジャーが、お互いの文化の差をいかに過小評価していたかについて話してくれた。

「次に買収をするときは、双方の違いをもっとよく理解するために、文化についてもデューデイリジェンス（適正評価）を実施しますよ」

文化の違いはそれぞれの文化にあまりにも広く浸透し、把握しにくく、またそれぞれの会社全体の共通の経験に深く根ざしているので、統合プロジェクトの一環として文化統合の仕組みをつくり、機械的に統合してしまうのは無理だ。

そういう仕組みづくりが可能だと考える「文化統合の神話」は、文化を大胆に、しかし表面的にしかとらえようとしない怠惰な習慣によって、さらに強化される。こういうとらえ方ではなく、ビジネスに関する意思決定や業績の測定、人事評価などのプロセスに表れる、小さくても大きな意味のある多くの違いに気づく必要がある。

> 文化の差は非常に広く浸透し、把握しにくいので、文化をただちに徹底的に統合するのは難しい。

しかしわれわれは、何をしても無駄だと言っているのではない。企業は前身会社の文化的な差異がいつまでも残っても受け入れられるものだ。むしろこうした違いによる多様性がチームの活力を生むことがある。第2章でUBSのマルセル・オスペルが主張していたように、文化の違いを積極的に評価することによって、会社の競争力がよりダイナミックで柔軟なものになるという大きな効果が得られる可能性がある。

もっと日常的なレベルに目を移せば、多くの会社は社内の機能が異なる部署や地域の間にかなり大きな文化的相違があっても、よい業績を挙げている。こうした文化の違いを一掃しなければならないと主張する人はいない。それなら、合併によって生じる文化の相違はどんなものでも有害だと決めてかかる必要があるだろうか。

それに現実には、従業員の大多数はそれまで働いていた場所で、ほとんど同じ会社出身の同僚と働き続ける。本当に解決しなければならない深刻な文化的問題が起きるのは、上級マネジャーのレベルと、二つの会社のオペレーションが接触する個所のうち、比較的少数のポイントにほぼ限られている。ビジネス記者が「広い範囲で起きた企業文化の衝突」のために失敗したと言う取引のいくつかは、実際には、上層部のエゴのぶつかり合いの犠牲になったものだ。

しかし、統合プロジェクトの終了後数カ月たっても退職者が多いケースもよくある。これらの大半は、どの時点で最終決定と見なすか、といった重要な分野での文化の違いがいつまでも尾を引いているのが原因である。結局、双方の異なる仕事の進め方のうち、どちらが淘汰されずに残るかによって、その会社に効果的に貢献するとはどういうことなのかがほぼ決まってくるのだ。

問題の分析をまだ続けるようにと求めるマネジャーは、果たして価値を付加しているのだろうか。こういう質問への答えから、どのマネジャーが新会社で成功するかが決まるのかもしれない。

文化の統合を超えて

企業文化に関する二つの神話は、異なる歴史をたどっている。適者生存の神話は、はっきりとこれを支持するマネジャーの数が減っていることから判断すれば、衰退しつつあるようだ。その結果、何らかの形の文化統合を行うことに賛成するコンセンサスが生まれてきている。

しかしわれわれの考えでは、このコンセンサスは、文化は簡単につくり変えることができるという第二の神話の影響を必要以上に受けている。文化の統合を技術的な問題であるかのように考えているマネジャーもいるほどだ。製品ラインやビジネスプロセス、小売販売網、ＩＴシステムを完全に統合できるのなら、二つの文化も同じように統合できないはずがない、という理屈である。

この論理は問題のスケールと複雑さを見落としている。合併しようとしている二つの会社の垣根を越えて、どんな文化の変革でも思いのままに実行できると考えるのは傲慢だろう。どちらの側も、何万人もの従業員が何カ国にも広がって、いくつもの職能ごとに異なる下位文化のなかで働いていることもあるのだ。

それに、世界中どこも同じ文化一色にしてしまうのが望ましいかどうかも、少なくともいくつかの業界でははっきりしていない。警備保障会社大手のグループ4セキュリコーのラース・ノービー・ヨハンセンCEOは、世界中の九〇近い国に広がり三〇万人以上の従業員を有する同社の組織について語ったとき、この点をはっきりと指摘した。

「マクドナルド式に一つの文化を世界中に適用してもうまくいきません。こういう業界では無理です。われわれは大きく文化が異なる国々で操業しています。ビジネスの観点からは、その国の文化に配慮することは、世界共通の企業文化を持つことよりはるかに重要なんです」

文化はできるだけ早く完全に統合すべきだとする説に欠陥があるのには、もう一つの理由がある。それは、主として長い間の人と人とのかかわり合いのなかから生まれた文化を、ＩＴシステムのような人間がつくり出したものと同じように考えている点だ。

したがって、たとえ広く文化を統合することが望ましいとしても、一夜にして統合を成し遂げるのは無理なのだ。リーダーは、統合の間も、終了後かなり時間がたったときも、人同士の相互作用から生まれるこの文化を促進し、導くには何ができるかを検討する必要がある。

パフォーマンス契約の役割

新会社に必要なパフォーマンス文化に焦点を当てれば、合併から最も健康的な結果を引き出せる。パフォーマンス文化とは、合併会社を将来の成功に導くのに欠かせない、比較的少数の考え方や行動を意味している。価値の創造において成功のパターンを確立するのに必要な少数の変革が、ひいては企業内のより多くの人々の間に、より幅広い考え方や行動の発生を促すことになる。

そのためには、よくよく焦点を絞る必要がある。二つの会社の文化の対照的な特徴をことごとく洗い出して一致させるのが目標ではない。それでは合併前の会社のアイデンティティに不必要にとらわれることになり、悪くすれば一種の文化の取引が行われるおそれがある。人に関するうちの価値観を受け入れてくれるなら、ビジネス上の意思決定についてはおたくのアプローチを受け入れましょう、といった、たちの悪いものだ。

厳密に将来の成功に必要なことだけにポイントを絞るべきだ。できるだけ具体的に、外部を意識して、ビジネスライクにそれが表現されているほど、よい結果が生まれる。これに成功すれば、その基盤の上に市場でも成功する新会社が自然に生まれるだろう。統合におけるリーダーの課題は、統合のための文化的な条件をつくり出すことにある。企業文化版ユートピアを実現するために徹底的に文化を統合しようと努めることではないのだ。

パフォーマンス文化の中核になるのは、「パフォーマンス契約」である。これは、潜在能力を完全に発揮できる新会社を創造できるように、合併のパートナー双方に課せられるいくつかの相互義務である。この契約は、事業運営上のさまざまな基準によって構成される。

たとえば、どのように顧客に奉仕するか、どのように各プロセスを管理するか、どのような品質レベルを達成しなければならないか、どのように同僚とかかわるか、どのように意思決定するか、といった多くの基準を、ある程度明確な形で示すのだ。

ディアジオの新しいパフォーマンス契約を例に取ると、広く企業価値創造型経営を採用することがうたわれている。マグラーによれば、パフォーマンスのマネジメント手法をこのように変えたのは、企業価値宣言書などの伝統的な文化変革ツールよりも、ギネス側の文化を変えるのに大きな効果があったという。

> 強固なパフォーマンス文化を確立するには、新会社での相互義務を詳細に規定する「パフォーマンス契約」を定めることが必要だ。

どの会社にも、少なくとも暗黙のパフォーマンス契約はあるが、その質が十分でないことがある。合併はそのパフォーマンス契約の強化や修正を行うチャンスである。

被買収会社のマネジャーが新しい親会社のやり方に適応しなければならないとき、新しいパフォーマンス契約を早い時期に十分に説明しておくことがきわめて重要だ。

アルキャンのリチャード・B・エバンス執行副社長によれば、二〇〇〇年にアルグループを買収したとき、アルキャンのマネジャーはこの点が不十分だったという。そこで、二〇〇四年のペシネーの買収のときはこれを徹底した。

「アルグループの統合の経験から、ペシネー側の人にどういうふうに行動すればよいかがわかるように、最初から明確なガイドラインと期待を示すことの重要性を学びました。彼らはシグナルを探しているんです」

この契約の効力は、CEOをはじめとする上級マネジャーがそれを守ろうとする意志によって決まる。だから、合併会社全体に浸透させたいと思う行動をリーダー自ら示さなければならないのだ。これは組織行動理論ではよく知られた考え方である。リーダーが「言ったことを実行する」のが重要なのは明らかだ。

しかし、合併の環境には問題を複雑にする要素がいくつかある。その一つは、自分たちのことを知らない大勢のマネジャーや従業員が突然出現することだ。

スカイシェフの元CEO、マイケル・ケイは、この状況がもたらしたチャンスを逃さなかった。同社が合併前に業績を好転させられたのは、徹底した協働体制と集中的な人材能力開発、それに厳しい業績管理という、例を見ない組み合わせのパフォーマンス契約のおかげだった。ある意味では、ジャック・ウェルチがGEのために開発した契約と似ていなくもない。しかしケイの場合の問題は、このパフォーマンス契約をケイターエアから新しく入ってきた人々にまで広めなければならないことだった。ケイはこう言う。

「われわれはスカイシェフ自身の行動基盤そのものをそのプロセスに反映させました。こう考えたのです。『この統合を成功させるには、新会社で期待される行動の模範を、われわれが率先して示す必要がある。そしてそれを、観客席に座って何が起きているか眺めている大勢の観客に徐々に浸透させるんだ』」

ケイターエアのマネジャーの実績は芳しいものではなかった。統合プロセスの目標が要求するレベルは彼らにとってきわめて高いものだったのだ。しかし、綿密な計画に基づき、実践的なツールと強力なコーチングで支援すれば、以前より格段によい成果を挙げられるとケイは判断した。

「そこでわれわれは徹底的に資源を注ぎ込んでこう言いました。『いいですか、あなたたちに達成してほしい目標はこれです。マスターしてほしい方法はこれです。そのために私たちはこれだけお手伝いしましょう。だから、もう逃げられませんよ』」

このように、スカイシェフの買収の成功は、ケイターエアのマネジャーがこれまで以上に全力を出し切れるかどうかにかかっていた。そしてそれは、ケイとスカイシェフ側の同僚が、単にパフォーマンス基準の手本になるだけでなく、全力を尽くそうとする意欲をも率先して示せるかどうかにかかっていた。リーダー自ら苦労して学ぶ姿を見せなければ、それをほかの人に要求するのは現実的でも公正でもない。ケイは自らの体験でこの点をはっきりと理解した。

「リーダーとしての能力が試されるというより、これまでとはまったく違う新しい相手に影響を与えなければならないんだと認識することが重要なんです。だから、それまで自分のテリトリーで実行してきたリーダーとしての行動を、あらためてじっくり見直す必要があります。自分にこう問いかけるんです。『これまでやってきたことを続ければ、私や私の会社、価値システム、文化のことを何も知らない彼らにはどう見えるだろうか』。これぐらいのことさえ自分に問うつもりがないなら、ほかの人を変えられる可能性はゼロです」

合併は、本当に重要な文化的特徴は何かをリーダーが示せるチャンスだ、というのがケイのメッセージだ。リーダーがほかの人の手本となる自らの行動を変えるのは、それを達成するための前提条件である。

サンコープのスティーブ・ジョーンズCEOはこう言っている。

「突っ立ったままで、新しい文化はこうだと人に指図などできません。新しい文化では何を尊重したいのかを自分の頭のなかで定義し、しばらくの間自分でそれを実行してみなければならないのです。それからその経験を語るのです。文化について何を説くにしても、そうすることではるかに信用が増します」

「言ったことを実行する」のも重要だが、ここでは「実行したことを語る」のも同じように重要なのだ。新しい文化について印象的なフレーズをちりばめたフリップチャートをつくるのは始まりにすぎない。その文化を実践した話のほうがはるかに強く人々に訴える力がある。

このように、新しいパフォーマンス契約は、トップチームに貴重な機会を提供してくれる。

第1章で見たように、トップチームは合併が完了する前に新会社の「テンプレート」になっていなければならない。パフォーマンス契約は、あらゆるマネジャーが応用できるようにそのテンプレートを具体的な形にする手段である。

どんな人材保持策を取るにしても、有能なマネジャーや従業員を会社に引きとめておくためには、パフォーマンス契約が非常に重要である。人材保持のためのアプローチは、業界、才能の種類、経済サイクル上の位置、その他の多くの要因によって異なる。

インタビューからは、どんな場合にも効果があるとしてだれもが挙げる特定の要素は浮かんでこなかったが、CEOたちは効果がなかった要素を次々に指摘した。BHPビリトンのドン・アーガス会長のコメントは、大方の見方をよくとらえている。

「特別待遇などの手段で忠誠心を買おうとしてもうまくいきません。人が会社に残るのは、その会社が好きで、キャリアの見通しがあるからです。好きでなければ、いずれにしてもオプションが行使可能になるやいなや辞めていきますよ」

この発言は単純だが冷徹な真実を言い当てている。長い目で見れば、有能な社員の忠誠を獲得するうえで、リーダーが創造しようとしている新会社の魅力に勝るものはないということだ。流出を食い止めるための一時的なインセンティブは、魅力的なパフォーマンス契約の代わりにならないのだ。

多くの合併では、人材を引きとめておくための対策を早い時期から系統的に集中して行う必要がある。パフォーマンスは、相応のパフォーマンス文化がなければ達成できない。そのためにはパフォーマンス契約が必要である。そしてそれには契約の当事者をつなぎとめておかなければならない。最終的に、すべては新会社を成功させるために必要な人々を引きとめておけるかどうかにかかっている。

そこでスティーブ・カウフマンは、在籍率の数字ばかりを追うこと（大量の人材を失う会社の多くはこれを得意としている）をやめ、その代わりに次のようなことを行うよう勧めている。

「合併の基本合意ができた日から契約締結までの期間に、最も優秀な人材を特定するのです。発表の日には、新会社に絶対必要だと判断した個人に接触する用意ができていなければなりません」

被買収会社のマネジャーが新しい親会社の文化にからめ取られて窒息しないよう、保護策を講じるのも当たり前になっている。しかし、被買収会社の文化が悪いほうに変わらないように保護することによって、それと気づかずに買収側が早急に必要とする自らの内部変革を妨げる危険がある。ときには、被買収会社が買収側の文化を確実に強化するような手立てをすることが、最大限の価値を生むこともある。

前にも述べたが、SBCは一九九一年に、はるかに小規模だが企業家精神に富むオコナー&アソシエーツの買収を機に、自らの変革を図った。UBSのマルセル会長は、二〇〇二年のスピーチでその劇的な効果を次のように語っている。

「われわれはオコナーの若いマネジャーをSBCの最上層の職に抜擢しました。文化的には地位が逆転するのですから、非常に思い切った人事であり、当然痛みもありました。しかし、そのインパクトは計りしれません。重要なマネジメントのプロセスが高度化され、集中化されました。銀行のあらゆる部門が活性化し、意欲やプロ意識が一段と高まりました。『オコナー化』の成功のおかげで、行内のほかの分野でも変革の機運が高まりました」

UBSのピーター・ウフリ社長は、こういうことができる謙虚さが「おそらくUBSの文化のなかでも最も際立った要素」だと述べた。オコナーの買収を皮切りに、「われわれは変化を受け入れ、相手から学び、プライドを抑えて適応する開放性を身につけ始めました」と続ける。このケースでは、買収が契機となってグローバルな銀行全体に及ぶパフォーマンス契約の見直しに発展した。修正された契約を率先して実行し、模範になることに徹したのは、同行のリーダーたちの大きな貢献だった。

パフォーマンス契約を柱として統合をデザインする

統合プロジェクトのマネジメントには、パフォーマンス契約の内容が反映されていなければならない。従業員は、リーダーが創造しようとしている会社について話すのを聞けば、それ以外の証拠を求めて、当然、統合プロジェクトの基準やプロセスに目を向ける。新会社が掲げている原則と、統合プロジェクトの実態にずれがある場合、それが発するシグナルに深刻な問題が生じるおそれがある。ドン・アーガスはこんな例を挙げた。

「新会社で権力を分散したいなら、統合プロジェクト推進のためには権力を集中することが最善の方法に思われても、そうしたい誘惑に抵抗しなければなりません」

> 新しいパフォーマンス契約が統合プロジェクトにしっかりと組み込まれて機能している様子が、マネジャーや従業員に見えなければならない。

これ以外にも、統合プロジェクトが間違ったメッセージを送り、そのために微妙な影響が出てパフォーマンス契約の確立が妨げられるケースは多い。

たとえば、マネジャーや従業員がプロジェクトに集中しすぎて、基本的なビジネスに目を向けなくなることがある。ウリッジ銀行の元CEO、リン・ピーコックはこれを「のぞき見趣味」と呼んだ。二〇〇〇年にバークレーズ銀行がウリッジを買収した後の統合を指揮したとき、彼女は統合プロセスが巻き起こす興奮のために通常業務、とくに顧客サービスがおろそかになる危険があることに気づいた。

「このような買収が、ある程度、のぞき見趣味を引き起こすのは無理もないですが、これは撃退しなければなりません。買収劇は実に面白いので、だれもが登場人物になりたがるんです。でも業績が落ち込む原因はまさにそれです。参加したいのはわかりますが、価値の創造に最も貢献できるのは、いつもどおり自分の仕事をしっかりこなすことだと理解させる必要があります」

彼女のメッセージを端的に言えば、パフォーマンス文化ではなく「統合中心の文化」をつくり出さないように気をつけるということになろう。「文化中心の文化」も警戒しなければならない。自らの文化的特性への関心を最大の特徴とする文化のことだ。マネジャーや従業員を最も活気づけるのが、協力して顧客サービスをする最善の方法を考えることではなく、二つの文化を融合させることなら、合併はうまくいかないだろう。

実際、文化が衝突したときだけでなく、双方が文化の衝突の予防に時間を費やすあまり、外部への視点を失ってしまうときにも、統合は失敗するおそれがある。

自社の文化について深く内省するのにもリスクがある。統合は、そのようなリスクを冒すのに適した時期ではない。どんな統合でも、期間中は注意を向けなければならない要素があまりにも多いので、外部への視点を持ち続けるのが非常に難しい。企業文化を深く探求しようとすれば、どんなタイミングであろうと同様のリスクにさらされる。したがって、統合の時期に企業文化を取り上げ、長々と議論に熱中するのは、このリスクを倍増させるだけだ。内省にはとりわけ不適切な時期なのだ。

一方、この章で前述したスカイシェフのケースのように、合併前に文化変革を試みて成功すれば、その勢いで高度に野心的な統合計画に成功する可能性も大いに高められる。サー・リチャード・エバンスは、ブリティッシュエアロスペースの文化変革プログラムにはこの効果があったと言う。

「変革プログラムで達成していた成果のおかげで、組織のかなりの部分は、どんなシナリオにも従い、何を頼んでもそれに応え、われわれの望む結果を出そうとしてくれました」

文化への介入の選択肢

どんな場合にも変わらないのは、新会社ではどのように価値を創造するのかということに緊密に結びついたパフォーマンス文化を打ち立てる必要性だ。この目標を達成する最善の方法は、ある程度はっきりした文化への介入に会社がどんな反応をするかによって変わってくるだろう。医療の世界ではあらゆる治療に先立って患者の全身状態を考慮しなければならないが、それと同じように、組織に副作用が出る可能性を予測しなければならない。

この章で見てきたように、あまりに広い範囲にわたって短期間に文化の変革を成し遂げようとすれば、逆効果になるおそれがある。

一般に、文化に介入する試みが成功する可能性が最も大きいのは、パフォーマンス文化に集中して行ったときである。

公然と文化を議論することが会社にとってかえって非生産的になる可能性があるのならば、まったくしないほうがいいかもしれない。ノバルティスのCEO、ダニエル・バセラ博士は、一九九六年の統合プロセスとその後の数年間の文化変革の立役者としての功績が広く評価されている。しかし彼は、マネジャーたちが文化について議論するのではなくパフォーマンスに関心を向けるよう仕向けたという。直接文化について語らなくても、文化に関するシグナルを送ることは可能だと考えているのだ。

マグラーがディアジオの文化はどうあるべきかについてはっきりと語ったのは一度だけだ。彼はグランドメトロポリタンとギネスの企業価値宣言から四つの価値を選び、経営幹部にそれらを練り上げさせた。

「彼らにこう言いました。『これを書き上げるまでは徹夜だ。価値はこれ、それぞれのキーワードはこれだ。何かつけ加えたければそうしてもいい。しかし、この四つの価値は絶対に使わなければならない』。多少色めき立ちましたが、二時間ほどで完成しました」

ＨＶＢグループが最終的に取ったアプローチは、もっと手が込んでいた。前述したように、ハンス・ゲルト・ペンツェルと彼の同僚は、合併する二つのバイエルンの銀行の文化が大きく異なっている事実にすぐには気づかなかった。しかし、それがはっきりすると、過剰に反応しないようにした。ペンツェルが説明するように、そんな二つの文化を完全に統合するには七〜一〇年かかること、そして、これは始まったばかりのプロセスで、その独自のペースを速めるのは難しいとわかったからだ。

「六カ月ほどかかってようやくこのことを理解しました。そこで、われわれにとって重要な大きな文化の違いを特定することに決め、最終的には二つか三つの価値に焦点を絞りました。そして、それらを組織的なトップダウンの変更管理アプローチによって推進しました」

すでに触れたように、アムジェンのケビン・シェアラーも、どちらかといえば介入主義的アプローチを取った。被買収会社の規模が買収側企業に比べてはるかに小さく、新会社で求められるパフォーマンス文化は、アムジェンにすでにある文化とほとんど変わらなかった。そこでシェアラーは、健康な合併の達成に必要な重要な人材の流出を防ぐために、イミュネックスの企業文化に対する彼自身と同僚の感受性を高めることに焦点を当てる方針を採ったからだ。

ここに挙げたような、介入をある程度行うアプローチは、新会社に求められているパフォーマンス文化に焦点を絞り、それ以外に関しては一般的な変更管理の原則に従えば、成功する可能性がある。[原注4] このように、最も複雑でとらえにくい人に関する問題の中心である文化に対処する最善の方法は、そもそも合併に取り組む動機となった価値創造の目標に緊密に結びつけることにある。

第4章

Championing External Stakeholders

［リーダーシップの課題4］

外部の利害関係者の代弁者になる

合併ほど会社の目を内部に向かわせるものはない

大手金融機関、ワコビアのスティーブ・ベームは、アメリカのリテール銀行業界が長年採用してきた「ビッグバン」モデルについて語った。あらゆるプロセスやシステムの変更を一度の週末で完了させる方式のことである。すべてがうまくいけば、月曜の朝には双方の顧客は新しく合併した銀行にスムーズに適応し、ライバル銀行へ流れる顧客はほとんどいないはずだ。

しかし現実には、合併の規模の大小にかかわらず、成功するのは至難の業であり、また顧客もこの移行を非常に煩わしいと感じるおそれがある。顧客は、新しい商品、新しい小切手帳、新しいATMカード、新しい暗証番号、その他もろもろをあてがわれて、いや応なしに複雑なビッグバンのシナリオに組み込まれるからだ。

ビッグバン・モデルの狙いは、合併する銀行にとっての煩雑さとコストをできるだけ軽減することにあり、顧客経験価値の保護は眼中にない。ベームは言う。

「以前は、多くの銀行が自分たちに都合のいいように合併を行おうとしていました。顧客の都合は無視されていたんです」

銀行は、顧客の声に真剣に耳を傾け始めたとき、ビッグバン・モデルではどれほど効率がよくても、顧客満足度が少なくとも一時的に低下し、また多くの場合、顧客が大量に流出するため、その効果が相殺されることに気づいた。しかし、ワコビアのマネジャーたちは現在進行中の合併案件では顧客満足度が上がることを期待している。双方のビジネスを形式的に足し合わせた水準以上に成長するのが合併の目標である以上、当然だろう。

ベームは、顧客が強いられる変化を、実際のシステム移行から切り離せば、顧客満足度を上げるのは可能だと言う。システムが移行する前に、双方の顧客が合併銀行の商品とサービスを経験できるように、早くから双方の商品を変更するのだ。

「新しい小切手などは、システム移行に先立ってお客さまに無理のないようなペースで準備しています。そうすれば新しい商品群を理解し、慣れていただく時間ができます。新会社へ移行する週末のシステム変更は、どこか後ろのほうで形式的に行われている出来事にすぎなくなり、お客さまに気づかれることもないでしょう」

かつては軽視されていた顧客への影響のマネジメントが、以前よりきちんと行われるようになっている。この変化の背景にあるのは、顧客もほかの外部利害関係者同様、合併に重要な役割を果たすという認識の広まりである。

デンマークのグループ4ファルクとイギリスのセキュリコーが二〇〇四年に合併して、警備保障サービスの巨大企業、グループ4セキュリコーとなったとき、統合マネジャーを務めたラース・ビグ・ラーセンは次のように語っている。

「お客さまもほかの人と同じように新聞を読んでいますが、あまり注意深くは読んでいません。合併を行うと発表すると、お客さまの半数はもう合併してしまったと思うんです。ですから、お客さまの心配は発表の日からすでに深刻な問題なのです」

統合のマネジメントで最も予測しにくいことの一つは、顧客やそのほかの外部利害関係者が合併に対して、いつ、どのような反応を示すかである。統合の慣行の多くは、利害関係者はこちらから接触するまで何も知らず、その後は統合計画の予測どおりに反応するはずだという暗黙の前提に基づいている。利害関係者に合併の影響ができるだけ及ばないようにするという戦術が広く採用されているのはこのためだ。

何らかの影響があるのはほとんど避けられないこと、そして実は、この影響から会社にとって願ってもないチャンスが生まれる可能性があることも、ほとんど見落とされてきた。

第2章と第3章では、投資家、金融アナリスト、マネジャー、従業員に注目した。普通、統合期間に最も手厚い配慮を受ける利害関係者グループである。これはよく理解できる。投資家と金融アナリストが、合併が一方あるいは両方の会社の将来に与える影響に関心があるのは当然であり、彼らの懸念に対しては発表の時点で組織的に対応する必要がある。マネジャーと従業員はもちろん統合を達成する責任があり、自分たちも統合に強く影響されるだろう。こうした人々が統合劇の重要な登場人物であるのは明らかだ。

それに比べれば、顧客、ビジネスパートナー、地域コミュニティ、労働組合、規制当局などの利害関係者は軽視されがちである。その一因は、彼らに合併の影響が及ばないように可能な限り保護しなければならないという考え方にある。「われわれの合併は彼らの問題ではありません」という言葉をよく聞く。

だが、影響を遮断しようとするやり方の多くは効果がない。これは厳然たる現実だ。いくらそうしようとしても、合併に関する事柄は外部の利害関係者の目にとまる。なかでも目を引きやすい現象の一つは、従業員が統合のことで頭がいっぱいになり、顧客に対する組織全体の関心が低下することだ。もう一つは、競合他社が顧客を勧誘しようとすることである。統合中は顧客維持のための努力が手薄になると見られるからだ。その点をあからさまに指摘した売り込みも行われるだろう。

「当社からお買いになったほうがよろしいですよ。あちらは合併にかかりきりでサービスどころではなくなるはずですから」

顧客やそのほかの利害関係者に合併の影響がまったく及ばないように守れると考えるのは、希望的観測にすぎない。現実には、顧客をはじめとする利害関係者は大きな合併には警戒心を強め、少しでも満足できないことがあれば非常に敏感に反応する。ライバル企業は合併による混乱につけ入る機会を逃さない。一方、主要な利害関係者との関係を見守り保護する責任がある統合チームのメンバーは、そういう役職があるとすれば、課題の難しさにたちまち圧倒されてしまう。

> 顧客やそのほかの利害関係者を合併の影響から守ろうとしても、効果のないことが多い。

合併の騒動のなかでは、外部の利害関係者との重要な関係をただ保護するだけでなく強化する機会は、ほとんどの場合、見落とされている。だが、これらの関係をうまく活用すれば、合併はもちろんのこと、会社全体をより健康にできる。

統合のほかの面では優れた結果を出していても、この機会をしっかりととらえる会社は残念ながらめったにない。そのうえ、「保護」は結局「無視」になることが多く、いずれは基幹事業に有害な影響が及ぶ。表面的には統合に成功したように見えていた会社が、基幹事業への集中が失われたことで結局手痛いダメージを受けていたことが判明し、統合の成果の評価を下方修正するのが多いのはそのためである。

第2章では、合併についてのコミュニケーションが近年非常に洗練されてきた点に触れた。コミュニケーションによく見られる弱点を浮かび上がらせるために会社の物語という概念を用いたが、今日では多くの企業が本章の主題である外部利害関係者のグループの少なくとも一部に対して組織的なコミュニケーションを行っている。

しかし、こうしたコミュニケーションの多くは、どちらかというと機械的で想像力に欠けている。また、コミュニケーションを単なる情報伝達に終わらせないで、重要な外部利害関係者との関係を活性化したり、変貌させたりするチャンスととらえる会社はほとんどない。

顧客やビジネスパートナーと交流するというダイナミックな課題に意欲的に取り組み、すばらしい成果を挙げているマネジャーでも、合併相手が連れてくる新しい外部利害関係者との関係を築くことに関しては驚くほど独創性に欠けていたりする。クライアントのマネジャーたちと統合計画を詳細に検討していくと、これらの外部利害関係者があまり顧みられていない事実がよく判明する。

合併の影響が及ばないようにすべての利害関係者を保護できるし、またそうすべきだと考えられてきたため、この点は合併のほかの課題での進歩に大きく後れを取ってしまった。外部の利害関係者を保護すると言えば、何も複雑なことなどなさそうなので、マネジャーにとっては非常に魅力的なのだ。そのため、外部利害関係者に関するマネジメントの手法もあまり開発されてこなかった。統合は、基本的には会社の内部組織をつなぎ合わせることだという暗黙の考え方がいまだに進歩を妨げ、全体としては成功と言える統合でも、外部利害関係者との関係が弱点になっているケースが多い。

文化の問題で少しでも進歩しようとするなら、合併相手に対して謙虚になるのがカギであることはすでに見てきたが、外部の利害関係者についても同じことが言える。だが、こちらは少し説明しないとわかりにくいだろう。

そもそも、合併する二つの会社のマネジャーは、合併によって相手側の会社が連れてくる新しい外部利害関係者にどう対処するか準備ができていないのが普通だ。これらの利害関係者についてほとんどわかっていないと自覚することが決定的に重要である。なぜなら、知らなかったことで、大きなダメージを受ける可能性があるからだ。

この冷静な自覚に基づいた謙虚さが、最終的には固定観念から解放してくれる。決定的に重要な価値創造活動に目を向けさせてくれるのだ。その価値創造活動とは、利害関係者との関係に発生する小さな問題を発見することだ。健康な合併を達成するには、小さくても正しく対処しなければならない問題がある。

ここでリーダーが果たすべき役割は複雑で微妙だ。リーダーは、マネジャーが新しい利害関係者について、迅速に、徹底して学ぶよう促さなければならない。多忙をきわめるこの時期にそういう学習をするのは非常に難しいが、それでもこの学習は必要だ。

また、統合で乱されがちな二つの組織の関心を、こうした利害関係者のほうに引き戻し続けなければならない。どちらの会社にしても、その重要性を頭で理解させるのはまだしも、エネルギーと集中力を植えつけるのはとても難しい。

さらに、これらの利害関係者の利益を代弁しようとすれば、短期的な統合目標のいくつかについて苦しい妥協をする必要があるかもしれない。そして、その妥協の責任は、リーダーが完全に引き受けなければならないのだ。

「知らない」がダメージをもたらす

普通は、合併によって加わる新しい利害関係者も、自分がよく知っている人々と何ら変わらないように見える。たとえば、新しい顧客はいまの自社の顧客とよく似ているし、新しい従業員もいまの自社の従業員とよく似ている。

ここでは言葉がしばしば独り歩きをする。「買収する（acquire）」という動詞の対象は、本来、買収先企業が法的に所有している資産であるのに、その顧客などの利害関係者グループにまで漫然と範囲を拡大してしまうのだ。スリーコムのエリック・ベナムーも警告しているが、「顧客を獲得する（acquiring customers）」というのは非常に傲慢な言い方である。顧客は「獲得される」ことを自ら望むようでなければならない。

もちろん、どんな利害関係者でもただ「獲得」できるわけはない。「自ら獲得されることを望む」とは、製品を買ったり、株式に投資したり、雇われて働いたり、商品を販売したり、共同で研究開発に取り組んだりするなどして、その会社にコミットすることである。新しい利害関係者も「自社の」利害関係者の通常の反応と同じような反応を示すだろうと決めてかかって、そのようなコミットメントを当然のように期待するのは明らかに危険である。自社と相手側の利害関係者の違いを見過ごすと、合併相手の側の重要な利害関係者グループは、だれからも顧みられない統合の孤児になってしまう。

組織の健康vs.会社の健康

このように外部の利害関係者がなおざりにされるのは、暗黙のうちに目標が「会社の健康」から「組織の健康」、つまりマネジャーと従業員だけしか含まない、はるかに狭い概念へとすり替えられたことを反映している。しかし、合併が会社の全般的な健康に貢献できるかどうかは、会社が雇っている人だけでなく、外部の利害関係者とのネットワークにも影響される。言葉の定義にこだわっているのではない。現実に大きな差が出るのだ。「健康」の範囲を狭くとらえると、好ましくない結果を招きかねない。なぜなら実際にはリーダーが緊急に介入する必要がある状況なのに、リーダーは合併が単に悪いところがないどころか、健康ではち切れそうだと思い込む可能性があるからだ。

ある銀行が全体の三〇%ものスタッフを統合プロセスにかかわらせたのは、組織の健康を目標にしていたからだった。彼らはこれを銀行全体の変革を促すチャンスと見ていた。事実、当初はエネルギーが高まった兆候もあった。しかし、スタッフやマネジャーは新しい銀行での変革に心を奪われ、顧客へのサービスをおろそかにしてしまった。これを察知した顧客は、取引を他行に移し始めた。この銀行が組織変革イニシアティブの重要なテーマの一つとして、外部志向の強化を掲げていたのは、大きな皮肉としか言いようがない。

よりよいサービスを顧客に提供することについて語ったからといって、実際によりよいサービスが提供できるわけではない。語りすぎると逆効果になるときもある。

一九九八年にコンパックがディジタル・イクイップメント・コーポレーションを買収し、失敗に終わった重要な理由の一つは、コンパックがこの統合を、サーバー市場でIBMから顧客を奪うという野望を実現するための戦略としてしかとらえていなかったことだ、というのが通説になっている。

当初、同社は、どのようにそれを達成するかという議論に沸き、大いに活性化した。しかし、そのうち大所帯の非効率的な統合オフィスは、こうした議論で身動きが取れなくなった。その間に、低価格PC市場で顧客をデルにさらわれ、コンパックは二度と立ち直れなかった。

> 合併の健康は、統合プロジェクト内部の視点からは十分に評価できない。合併会社内部の視点からでも十分ではない。

合併の健康はつねに簡単に診断できるとは限らない。見かけと現実が著しく異なることもある。エネルギーにあふれ、顧客について活発な会話が交わされていても、不健康な統合はあるのだ。健康は内部の情報源だけを頼りにしていては判断できない。会社の外側で何が起きているかまで、しっかりと感じ取る必要がある。

集中的に学ぶ必要性

合併の健康を評価するには、合併によってもたらされる新しい顧客やそのほかの外部利害関係者について早急に学ぶ必要がある。その際、経験には限界があることを直視しなければならない。たしかに、過去に統合を経験していれば、マネジャーはこれらの問題に素早く取りかかれるだろう。しかし、大きな統合には、そのたびごとに新たに学ばなければならない独自の課題がある。

たとえば、過去に十数回も営業部門を統合した経験があっても、新しい合併相手の営業部隊が顧客との間に築いてきた、重要だが表に現れない特徴を直ちに見抜くことはできないかもしれない。買ったものの中身は決して正確にはわからないのだ。少なくとも自分の会社のことのようにはわからない。そして統合はそういう正確な知識を持たない状態で進めなければならないのである。

スリーコムのエリック・ベナムーは、こんな例を挙げている。彼が初めて合併を経験したころ、買収した会社の多くは、その販売代理店が販売網に占める役割が小さいにもかかわらず、異様に多額の支払いをしていることに気づいた。そこで直ちにこれらの支払いを削減または廃止しようとした。その後、経験を積んだ彼は、もっと慎重なアプローチを取るようになった。

「私が急ぎすぎると、どうしても、あまりにも多くの人を混乱させ、人間関係と信頼を壊してしまうことに気づきました。いつも全力を尽くしてくれるとは言わないまでも、やはり協力してくれていたパートナーが離れていくのです。そのうちに私は学びました。こういう人たちは大目に見ることにして、コスト節減の機会に飛びつかないほうがいい、と。買収した会社に足場を固める余裕を与えなければなりません。行動するのは、すべてが落ち着くべきところに落ち着いて安定した後でもいいんです」

このように、性急な行動は、重要な関係に予想もしないダメージを与えるおそれがある。ベナムーの言う「存在にすら気づかなかった小さな問題」が、いずれは表面化する。そのなかには実にささいなこともある。ベナムーはもう一つ、営業部隊の例を挙げた。「あるセールスパーソンを別の顧客の担当に代えたとしましょう。彼はたまたまある購買担当者の秘書と非常によい関係を築いていた。その関係は緊急の注文をスムーズに処理するのに欠かせないものだったかもしれません。普通、そういう小さな点については、デューディリジェンスの過程で光は当てられません。しかしセールスパーソンが異動すれば、その関係は失われるのです」

健康な合併を成し遂げるには、さまざまな分野でいかに知らないことが多いかに、真摯に向き合う謙虚さが求められる。ライバル会社がいつ、どのように急襲してくるかを予測できないかもしれない。統合の間、自社と相手側のブランドのどの点が最も保護を必要としているかをはっきりと理解していないかもしれない。合併という出来事をうまく利用して、顧客やそのほかの外部利害関係者との関係を単に保護するだけでなく、強化する機会がどこにあるか、見当がつかないかもしれない。

どんな統合でも、出発するときには合併する二社の外側にまで及ぶ影響についてよくわかっていないという潜在的な危険を抱えているものだ。双方の会社が各自の利害関係者を知り尽くしているとしても、この知識が統合マネジメントチーム全体に効果的に共有されるまでには時間がかかる。統合された会社の外の世界についての理解を徹底的に共有することは、統合の一つの側面であるが、大多数の統合計画では関心がほとんど向けられていない。

外部の利害関係者についての知識が乏しいと深刻なリスクになる。しかし統合プロジェクトでは、このリスクにほとんど注意が払われない。

さらに、コミュニケーションの不備によってこの知識を共有するプロセスが阻害されることがある。たとえば、相手側の会社は自分たちのブランドの質をこちらが求めるほど正確に説明できないかもしれない。フランステレコムの経営幹部であったジャン・フランソワ・ポンタルは、同社が二〇〇〇年にオレンジの合併を進めていたときにオレンジのCEOに指名された。彼は、オレンジが強力なブランドであるにもかかわらず、マネジャーたちがブランドの特徴をあまりうまく表現できないことに気づいた。

「最終的にはうまくいきましたが、難しかったのは、オレンジのブランドをどう説明するかという点でした。オレンジ側の人たちは、たとえば、オレンジ全体に言えることと、イギリスだけの特殊な事情を区別できませんでした。この二つの間で右往左往していたのです。結局、消去法に頼ることになりました。『これはオレンジの特徴だ。それはオレンジの特徴ではない』というふうに。大変でしたが、これでオレンジ側の人たちに、彼らの会社と文化をよりよく理解してもらえました」

これと同様に、合併相手の機能やプロセスの価値が、こちら側からはすぐにわからないことがある。ある運輸会社は、買収したユニットの顧客を維持するよう精力的に努力していたが、そのためには主要取引先を管理するシステムが不可欠だという点に最初は思いが至らなかった。

このシステムがどれほど重要な役割を果たしていたかが認知される前に、多くの主要取引先担当マネジャーが自分の客を連れて会社を去っていった。

ＩＴはもちろん、顧客の思わぬ反発を招きやすい領域である。これは合併の場合もそれ以外の場合でも同じだ。形式や手続きがほんの少し変わっただけでも、それを押しつけと受け取る顧客は離れていく。価格戦略が顧客を離反させる例もある。合併する二つの会社の価格体系を調和させるためのわずかな調整を行っただけでも、不釣合いなほど大きな怒りと客離れを引き起こすこともある。販売区域の割り振りにも同じことが言える。大きな混乱を巻き起こしかねない小さな事柄は、さまざまな形を取り、統合によっても異なる。[原注1]

したがって、会社のシステムが会社の外側に及ぼす影響についての学習は、健康な合併を成し遂げるカギとなる重要な課題なのだ。これには相当の決意を持って臨む必要がある。合併する会社は、どうしても会社の内側に関心が向き、外部の利害関係者を考慮に入れないで統合に関する意思決定を行う傾向があるからだ。そういう状況では、リスクにさらされている小さな問題の修正はもとより、特定さえ非常に難しいだろう。

外部の利害関係者の声に耳を傾ける

結局、この難しい状況で学ぶには、これらの利害関係者の声を精力的にくみ上げる努力をすることと、彼らを動かしている動機についての最初の思い込みを問い直す柔軟性を持つことが必要になる。彼らの関心や懸念がこちらの想定とあまりにかけ離れていることが判明したら、驚くこともあるだろう。

> 外部の利害関係者は、こちらからその声に耳を傾ける努力をすれば、合併の健康に直接影響する驚くような情報を、ほぼ確実に提供してくれる。

たとえば、マイケル・ケイは、スカイシェフがケイタリーエアを統合したときの経験を次のように語っている。ケイタリーエアの顧客の多くは新会社について心配している様子はなく、契約をスカイシェフに移行するための同意書に、ためらわずにサインした。しかし、やはりなかには不安を感じていた顧客もいた。

「そこでわれわれは、そういう人たちへの対応により多くの時間を費やしました。統合戦略を詳しく語り、ケイタリーエアの従業員もスカイシェフの従業員とまったく同じように扱われると説明しました。ときには、人材を募集する方法にまで踏み込んで詳しく話をしました」

顧客企業が多くの供給業者のうちの一社の人事採用プロセスの公平さに関心を持つとは考えにくいかもしれない。しかし、このような小さな問題こそ、予測するのが非常に難しい。そのうえ、そういう問題が持ち上がったときはたいてい、素早く効果的な対応が求められる。

二〇〇二年にノルウェーの石油・エネルギー企業大手のノルスクハイドロがドイツのイーオンAGからVAWアルミニウムを買収したとき、VAWのマネジャーは新しい親会社に、労働組合は会社の戦略に何の関心も持っていないと告げた。興味があるのはドイツで解雇される人数だけだ、というのだ。その後、トップマネジャーが組合の代表四〇人と会い、何か気になっていることはないかと尋ねた。ノルスクハイドロのトーレ・トーブンド執行副社長は、組合側から驚くほど広い範囲の質問が出たと言う。

「一晩中でも続けられたでしょう。買収後五年間の戦略について質問されました。この先も買収を行う計画があるのか。どういう会社組織になるのか。将来、本部はどこに置くのか。いくつかのオフィス機能を移転したのはなぜか。それは本当にコスト削減効果があったか。ほかにも質問が次から次に出てきました。私は思いましたよ。これを二カ月前にやるべきだったとね」

また、利害関係者の懸念が、買収側がまったく気づかない現地の事情によって増幅されることがある。ジョン・マグラーによれば、ディアジオがスコットランドのダンバートン工場を閉鎖したとき、スコットランド議会である議員がその配慮あるやり方を絶賛したと言う。しかし、同社がその前にはるかに規模の小さいパースの工場を閉鎖したときには、すぐに収まったものの、地元コミュニティから激しい反発に遭っていた。

反応がこうも違ったのは、ディアジオがプロセスを改善したことも大きな理由だが、パースのときは、まったく関係のない業界のある企業が、やはり合併の結果として、地元の従業員を解雇したばかりだったのだ。これはディアジオには何の関係もないが、地域社会にとっては明らかに重要な出来事だった。

外部の利害関係者の声をよく聞くと、リスク管理の向上に役立つだけではない。外部の利害関係者がさまざまな思いがけない方法で会社を助けてくれたりもする。たとえば、会社の将来に役立つ提案をしてくれるかもしれない。

エリック・ベナムーが行ったうちの買収のいくつかは、顧客のアイデアに触発されたものだったという。

「こういうふうに言われるんです。『うちのネットワーキングの問題を解決するのに、おたくの製品のほかに、この会社の製品も使わなければなりませんでしたよ。この会社を買収したらどうです。そうなれば、われわれはネットワーク全体をあなたのところから調達できるし、あなたは包括的なサービス契約を一つ結べばいい。うちにとっては取引が簡単になる。おたくがバックにいてくれるとわかっていれば、安心してアジアや東ヨーロッパにネットワークを拡張できますよ』」

顧客が熱心に買収を求めるなら、買収による成長戦略のリスクは当然減少する。むしろ、買収は顧客へのコミットメントの表れと解釈されるだろう。

もちろん、顧客やビジネスパートナーの関心や懸念を深く理解することは有益であり、そうした人たちと直接ビジネスを行うなかから多くのヒントが得られるのは確かだ。しかし、これらの利害関係者の関心は、こちらが想像していたものと大きく異なっていることがある。どの利害関係者にも、現在の業務上の関係の範囲をはるかに超える関心と懸念がある。ちゃんとしたセールスパーソンならだれでも、顧客をよく知るにはこの幅広いアイデンティティを感じ取る力の養成が必要だと知っている。しかし残念なことに、合併の間、会社は利害関係者に知らせる必要があると見なしたことだけに固執し、聞いたり学んだりすることが統合とその後の成功に重要である事実を無視したくなる誘惑が強まる。

この誘惑には断固として抵抗すべきだ。

「小さな問題」に適切に対処する

これらの「小さな問題」に適切に対処するのに最も簡単で効果的な方法は、顧客との間に問題を引き起こすほど統合に何もかも盛り込まないことだろう。統合の時期には、さまざまなことにとくに注意を払わなければならないが、小さな問題に対処するには、その注目という貴重な資源を振り向けなければならない。

注目という資源を少しも無駄にできない統合の間に「小さな問題」に適切に対処するには、相当努力して注意を払う必要がある。

ディアジオのジョン・マグラーは、統合時にブランド・マネジメントを組織し直したことが原因で統合の勢いが失われたいきさつを語ってくれた。ブランドに関する専門知識を境界の向こう側の合併相手にまで浸透させるのは、ブランドマネジャーが数カ月専念しても手に余るほどの難題だった。しかし、マグラーとこのチームはさらに多くを求めた。

「ブランド担当者に任せて、われわれは口を出さないほうがよかったんです。こう言うべきでした。『ブランドに関しては君たちの専門だから、君たちのやり方でやってほしい。会社の向こう側半分にブランドについて教えるのが君たちの仕事だ。どの国をとっても、現地の会社の約半分はわれわれのブランドを知らないし、半分は知っている。だからどこでも同じことをすればいい』」

おおむね成功した統合のなかで、マグラーが後から振り返って、いまなら別のやり方をしただろうと思う唯一の領域がここだという。世界的規模の複雑な統合プロセスという背景のなかでは、ブランドマネジャーが果たしたブランドに関する専門知識を広めるという役割はたしかに小さなことだったが、最終的な影響は大きかった。

UBSのピーター・ウフリも、一九九八年のSBCとの合併では全体の統合は素早かったが、プライベートバンキングと資産運用の分野ではもっとゆっくり進むべきだったとする。これらの分野では「おそらく統合を急いだのが原因で、生み出された価値を上回るダメージが発生しました」と言う。

小さな問題を適切に処理するには、厳密な分析も必要だ。フォードが一九九九年にボルボの乗用車部門を買収した後、マネジャーたちはボルボのブランドをあれほど強力なものにしている多くの小さな事柄を洗い出した。ブランドの保護がプロセスや基準、プライシングなどにどんな具体的な影響を与えるかを徹底的に分析したのだ。

超一流ブランドとしてのボルボの地位は、グループのほかの製品と比較してプライシングにどういう意味を持つだろうか。世界レベルの安全基準へのボルボのコミットメントは、安全機能が構築され実行されている方法にどう影響しているか。このような質問に対する答えを明確にして文書化していった。こうすることで、ブランドが徹底的に保護されただけでなく、統合チームはシナジーの探求に効率よく集中できた。マネジャーたちは手をつけてはならない領域を慎重に定めたのだ。

一般的に、ブランドの特徴を維持するには、小さな問題への配慮が必要だ。合併した会社に似たような二つのブランドが並存している場合、両者の違いがあいまいになるため、普通はどちらか一方または両方のブランド力が低下する危険がある。ブランドの特徴の維持は、商品やサービスを広告でどうポジショニングするかといったことよりはるかに複雑な問題だ。

たとえば、二つのブランドのマネジメントに関して組織をどこまで統合すべきかを判断するのは非常に難しい。二〇〇〇年にバークレーズ銀行がウリッジ銀行を買収したとき、バークレーズは、統合の間は両方のブランドの長所をそのまま維持することにした。リン・ピーコックが次に説明するように、一つの企業の屋根の下に二つのブランドがある場合、どこまで統合すべきかがすぐにはわからないかもしれない。

「どのレベルでは一つにまとめるべきで、どのレベルでは分かれたままにしておくべきでしょうか。ここはよく見きわめなければなりません。なぜなら、買収した後、一人ですべてのリテール銀行業務を指揮することは十分可能だからです。また、だれかがすべての支店業務を指揮することも可能です。でも、物事が確実にきちんと進むようにしたいなら、分離したままにしておかなければならない部分があります。それはどこでしょうか。年に二万ポンドしか払っていない支店長に、一つの支店のなかで二種類の顧客経験を管理するスキルを本当に期待できるでしょうか」

このように、合併会社でも二つのブランドをそのまま維持すると決定した場合、それぞれのブランドにかかわる人とシステムとプロセスのどこまでをどのように統合するかをめぐって、難しい問題が次から次に出てくる可能性がある。むしろ、合併によって、ブランドの活力がいかに小さなことの積み重ねにかかっているかが浮き彫りになるのかもしれない。ブランドの成功に貢献しているオペレーションと組織の特徴を保護することによって、合併の健康に決定的な影響を与えられるのだ。

したがって、統合の間、上級マネジャーがこういう小さな問題に関する意思決定に思いもかけないほど多くの時間を割かなければならないのも不思議ではない。

小さな問題をめぐる難しい決定

ここまでで、小さな問題に注意することを強調してきたので、ブランドを保護するためにあらゆる手を尽くすアプローチを取りたくなるかもしれない。しかし、そういうアプローチを取ると、ブランドがリスクにさらされているところでは必ず統合が大幅に失速する。

このアプローチは、実際にはブランドを保護する効果が最も少ないかもしれないのだ。一九八八年にドイツのバイエリッシュ・ヒポテケン・ウント・フェラインスバンク（現HVB銀行）を誕生させた統合を指揮したハンス・ゲルト・ペンツェルによれば、個人顧客は合併にあまり懸念を示さなかったが、法人顧客はディーリングルームが早急に統合されることを望み、新しい銀行での融資限度額や担当者をすぐに知りたがったという。彼らの不安は発表の日に経済新聞で合併を知ったときに始まり、統合後の取引関係の全容が明らかになるまで強い不安が和らぐことはなかった。

「小さな問題」をめぐって非常に厳しい選択を迫られることがある。

小さな問題に正しく対処するために行った厳しい選択が、後から振り返ったときでも同僚からは正しくなかったと思われることがあるかもしれない。バークレーズ銀行がウリッジを買収した後、本格的な統合が始まったのは一年半後だった。われわれはリン・ピーコックに、もっと速く統合を進めたほうがよかったと思うかと質問した。実際に行わなかったことについては推測するほかないため、議論に断定的な答えを出すことは難しいが、彼女は統合を急いだ場合、小さくても顧客にとっては重要なことがリスクにさらされるおそれがあるという意見だった。

「バークレーズ側は、ウリッジのすべてを必ずしも完全に理解していたわけではありません。ウリッジが持っていたいくつかのすばらしい知恵に関してはもちろん別ですよ。でも、双方の顧客経験価値、つまり、何がお客さまを感動させるかには根本的な違いがあったんです。すぐにその違いが適切に評価されるとは思えませんでした。時間が必要だったのです。『フォードもジャガーも車だ、なぜそんな細かいことにこだわるのか』と言うようなものですね。でも、どういう人がフォードを買い、どういう人がジャガーを買うのか、そしてそれはなぜかを理解することが絶対に必要なんです」

われわれの経験では、自社の顧客を理解するよう努力してきた上級マネジャーほど、何が相手側の顧客に訴えるのかについてもわかったつもりにならないよう慎重であるようだ。二社の顧客が広く重複していても、彼らは顧客がどちらの会社からも同じ理由で商品を買うと決めてかからない。顧客はどのチームでもプレーできるフリーエージェントなのだ。したがって、合併によってサービスの質が落ちたり、質があまり変わらなくても、サービスの提供を受ける方法に煩わしい変更があったりすれば、顧客がよそに流れる可能性は十分にある。

統合のやり方を誤ったときほど、「わが社のお客さま」という意味が非常に限られたものであると露呈することはない。また、われわれは長年の経験から、顧客を最もしっかりとつかんでいる会社は、顧客が離れていく可能性を最も謙虚に自覚している会社であるというパラドックスに気づいた。こういう会社は、統合に際しての顧客に関するマネジメントには、慎重すぎるほど慎重に行動するのがつねである。

小さな問題への適切な対応が重要であるのが最も明らかなのは、収益の増加が合併の目標である場合だ。こういうケースでは、合併の成功は、何と言っても顧客が行動を変えることを決意してくれるかどうかにかかっているからだ。マネジャーたちはもちろん、顧客の購買決定に影響を与えることがどんなに重要であるかを承知している。

しかし、こういう配慮は、収益の増加が目標ではない場合も含めて、すべての合併に必要である。顧客経験を損ないかねない小さな問題が非常に多いため、収益を保護することは、どんな場合でも必ずある程度は問題になる。統合チームが提案した措置が顧客経験にどういう影響を与えるだろうかとリーダーが問い続けなければ、チームは果たしてそういう影響が重要だと考えるだろうか。

顧客だけではなく

供給業者や販売業者、共同事業の相手などのビジネスパートナーにも、このような配慮を怠ってはならない。これらのパートナーも、たとえば、供給源が集約されたり、製品ラインが統合されたりするために、合併から大きな影響を受ける場合が多い。

しかし、上級マネジャーの多くは、この点にほとんど注意を払わない。ビジネスパートナーに、よくないことが多い統合の結末を、単に告げるだけで満足しているようだ。もちろんこれでは、とうていパートナーとして扱っているとは言えない。

統合中は顧客だけでなく、ほかの多くの外部利害関係者グループにも注意を払う必要がある。

顧客以外のビジネスパートナーに対しても同じ配慮が必要だろうが、二つのグループは合併にまったく違う反応を示すことがある。たとえば、あるメーカーは同じような製品ラインを持つライバル会社を買収した後も、両方のブランドを維持することに決めた。顧客の需要を考えれば、両方のブランドが共存できると判断したことは正しかった。

しかし、考えが及ばなかったのは、販売業者のなかには両方のラインを扱うのを嫌がるところもあるということだった。これらの業者は、顧客にとっては二つのブランドにはたいした違いがないと考えていたのだ。

結局、この会社が採った収益保護のための措置には、計画したほどの効果はなかった。どんな利害関係者グループの場合でも同じだが、ビジネスパートナーの場合もその立場に立って理解しなければならない。

ビジネスパートナーとの関係は、統合の思いがけない影響によって打撃を受けることもある。ある消費者製品メーカーは、規制当局が合併を調査する間、マネジャーの流出を防ぐためにボーナスを倍増することにした。その結果、マネジャーたちはボーナスの時期になると張り切り、小売業者に在庫過剰を引き起こしてしまった。まさに不適切な時期に起きた深刻な問題である。

小さな問題に適切に対処するには、この例のように、ボーナス制度の見直しといった内部の変革が会社の外にまで及ぼす影響までも予測しなければならないのだ。

外部の利害関係者を代弁するための3つのカギ

外部志向のおかげで合併・買収資金を蓄積するのに必要な財務上の成功を収めた会社でも、統合の間にその外部志向が減退することが多いのは残念な皮肉である。そういう会社は、われわれがこの章で推奨していることの多くをすでに体系的に実行している。ただし、統合の期間以外の話である。統合はしばしば非常に高い壁の内側で起きている出来事のように感じられる。合併ほど会社の目を内部に向かわせるものはない。

外部の利害関係者のうち、投資家と金融アナリストなどは、近年目立って関心を向けられることが多くなり、その恩恵を受けているが、それ以外の利害関係者グループについての実態は一様ではない。たしかに、顧客志向が強い業界の企業では、顧客関係のマネジメントが進歩しているようだ。しかし全体としては、企業の関心の範囲が統合の間に縮小して、合併会社の外側に及ばないようになる傾向が残っている。顧客やビジネスパートナー、コミュニティ、労働組合、規制当局などは、ほとんど未踏の地のままである。

そのうえ、外部の利害関係者とのかかわりを維持しつつ進歩するのは非常に難しい。なぜなら、そういうグループは会社の外にあり、きわめて多様で、流動的なので、特定の統合に固有の課題は何であるかを診断するのが難しくなるからだ。あるグループ（たとえば小売客）の課題を知り尽くした統合マネジャーでも、別のグループ（たとえば供給業者）に対しては苦労するかもしれない。したがって、マネジャーが不意を突かれやすいのがこの領域なのだ。

われわれは、外部の利害関係者の声を積極的に代弁することこそカギだと考える。「積極的に代弁する」には、統合の最初のミーティングのような一般的な場所で、これらの利害関係者の重要性をひととおり述べるだけでは不十分だ。ここでは、具体的なケースについて、利害関係者の声を代弁することにはどんなステップが含まれるかをいちいち特定できない。なぜなら、統合の間に早急に学ばなければならない「小さな問題」によって、当然違ってくるからだ。

しかしここでは、三つの提案をしたい。これらはどれもかなり一貫してよい結果を出すことがわかっている。

❶企業の傲慢さの問題に迷わず取り組む

合併の間、外部の利害関係者はおとなしくて予測可能だと思い込んでいると裏切られる可能性がある。彼らは想像以上に、自分の利益の追求に積極的で機敏であることが多いのだ。勤勉で大きな価値を創造する能力があるマネジャーでも、重要な利害関係者を何週間、あるいは何カ月もの間、孤児のように扱うことがある。統合のペースが非常に速いという理由だけでは、どうしてそういう扱いができるのかの言い訳にはならない。これらの利害関係者が当然受けるべき配慮を、少なくとも一時的に受けていないケースが多すぎる。

このような傲慢さは、さまざまな微妙な形を取って表れる。すばらしい取引のアイデアを思いつき、巧みな交渉に成功したことを誇るあまり、合併を成功させるために最終的に外部の利害関係者に果たしてもらわなくてはならない役割に目が向かなくなっているのかもしれない。

あるいは、顧客やビジネスパートナーの声に耳を傾けるよりも、投資銀行や重要な投資家、金融アナリストなどに自説を披露するほうがエキサイティングで個人的な満足が得られるのかもしれない。顧客やビジネスパートナーは、生き馬の目を抜く敏腕家が放つような魅力的なオーラがない、田舎の友だちのような気がするのかもしれない。

また、過去に顧客やビジネスパートナーを勝ち取って華々しい成功を収めた経験から、そういう人たちを完全に掌握しているという過信があるかもしれない。こういう態度は、人間関係と同じくビジネスでも悲惨な結果を招きかねない。

　このようにはっきり言えば、どんなマネジャーでもこのような傲慢さは間違っていて危険であることがわかるだろう。普段でもこういう不健康な態度や行動を取らないようにするのは難しいが、とりわけ合併は、企業が謙虚さを貫けなくなることが多い試練の時である。

　たとえば、上級マネジャーからなる「Aチーム」が、合併を機に新たな関心を持って注視している金融市場のプレーヤーに向けて新会社の戦略を説明するのに忙殺されている間、統合で置き去りにされがちな顧客などの利害関係者のニーズは広報担当者などのスタッフからなる「Bチーム」に任されることが多いのはそのためである。

　こういう行動パターンはビジネスの観点からはもちろん合理的ではない。これを一掃するには、その根源である傲慢さの正体を明らかにする必要がある。

　一般的に最もよい方法は、合併する双方の会社のマネジャーに、そういう傲慢さが命取りになるビジネスの現実を、何度も繰り返して、強く指摘することだ。たとえば、さまざまなビジネスチャネル上のパートナーが会社のビジョンにうまく同調していれば、市場では会社の外側の人である彼らは、内部の人間がとうていかなわないほど信頼性がある推進者となってくれるだろう。

　辛抱強くこのメッセージを送り続けるのは、説教じみているようで気が進まないかもしれないし、実際にそう受け取られることもあるだろう。しかしそれは、合併の間、企業が傲慢になるリスクに対処するために払う代償としては小さなものだろう。

❷利害関係者との関係を向上させ、会社の外部志向を強化するという決意で取り組む

傲慢さに警鐘を鳴らすだけでは十分ではない。それだけでは新会社をよい方向に導けないし、組織も活性化されない。果たして合併が顧客に与えるダメージを抑えるだけの仕事にやりがいを感じられる人がいるだろうか。

グループ4セキュリコーのラース・ノービー・ヨハンセンCEOは、新会社が、とくにヨーロッパにおいて、顧客志向を強化する必要性に気づいた。そこで彼とトップチームは、合併は、この地域でどちらの前身会社が過去に達成した業績よりも優れた業績を達成するチャンスであると位置づけた。その結果、主要国の一つのイギリスでは、合併前より顧客の解約率を下げるのに成功した。普通なら、解約率が上がるのを「ほどほどの」レベルに抑えることを目標にするところだが、それとは大きな違いである。

これを達成するために、同社はスタンダードになっているあらゆる顧客維持テクニック（顧客のセグメント化、複数のコミュニケーション経路の使用、発表直後の接触など）を組織的に動員した。ヨハンセンは、これらは不可欠だったと言う。しかし、最終的な決め手になったのは、高い目標を設定したことだった。

「お客さまにさらに接近するための願ってもないチャンスだと判断しました。普通ならお客さまを減らさないことを目標にしますが、われわれは最初からそれ以上を追求しました。合併で誕生する会社は、何も確定していない将来へ向けての新しいプラットフォームです。新しい世界なんです。既存の規範では立ち行かなくなっています。ですから、この機会に新しい規範をいくつか確立させることにしたのです」

これは、合併を機に実際に外部志向を強化できたかなり珍しいケースである。ヨハンセンは、統合の時期に著しい成功を収めることで変革を促せると考えた。

「顧客の維持に成功するだけでなく、彼らに対していままで以上に積極的に働きかけ、彼らの声に耳を澄ませることによって、実際に顧客維持率を上げるんです。その事実を関係者すべてに示すことができれば、会社の将来を強力にアピールする効果があるでしょう」

このように外部の利害関係者の声を代弁することは、ビジネス上、非常に大きな意味がある。それには次の三つの理由がある。

第一は、外部の利害関係者に接触する試みが積極的な調子を帯びているほど、効果が増すことだ。利害関係者は、ただ不安を取り除いてもらうだけでなく、わくわくさせられたいはずだ。

第二に、外部の利害関係者の声を代弁することによって、新会社が市場で成功を収めるために必要とするタイプの外部志向が最初から確立されることである。したがって、外部志向が統合の試練によって弱められた後に回復させる必要がなくなる。

第三に、外部志向を強調することは、両方の会社が協力し合う積極的な意味を持つ目標になり、結果的に新会社を築くのに役立つことである。第1章で見たように、外部に発生した危機によってたまたまこの効果が生じる例もあるが、危機によらずにこういう状況をつくり出すことが望ましいのは当然である。

❸ 外部の利害関係者に接触するために、関連のある経験と人脈のある有能なマネジャーを登用する

こうした外部の利害関係者の利益を代弁することは、エキスパートの助けがなくては無理だ。アメリカでは州の医療保険会社の合併には各州の保険監督官から正式に承認を得る必要がある。そのうえ、ヘルスケア・システムには医師、病院、地域社会、患者、従業員、地方議員など、多くの外部利害関係者が存在する。そして、それぞれが合併に強い関心を持っていると考えられる。

したがって、多州間営業医療保険会社大手のアンセムとウェルポイントが二〇〇四年に合併したとき、アンセムのマイク・スミスCEOと彼の同僚は、これらの利害関係者グループすべてに接触するための綿密な戦略を立てた。この業界では、外部利害関係者との関係維持のため

のマネジメントはきわめて複雑で恒常的に行われているため、大手の医療保険会社には合併を説明する体制が整っているのが普通である。アンセムはすでに、この仕事にふさわしい人脈と能力を持った人材を擁していた。スミスは語る。

「たとえば、アメリカ医師会が合併について何と言うか知る必要があります。ですからわれわれは、全国的に名が知られ、尊敬されているある医師を飛行機に乗せて、アメリカ医師会や各地の医師会のリーダーに話をしに行ってもらいました。それから規制担当のスタッフのなかには、州の保険監督官だった人や全米保険監督官協会で役職に就いていた人もいますが、そういう人たちを各州の監督官のところへ派遣して説明を行いました。顧客管理や業務のチームには、顧客などから不安の声が上がったときの回答集を用意して、そういう状況に備えさせました。非常にきめ細かく取り組みました」

この業界では、本章で議論してきたような小さな問題はつねに配慮されている。しかし、ほとんどの業界では、外部利害関係者と協働する体制を整えるには苦しい調整が必要かもしれない。たとえば、エリック・ベナムーが言うように、外部との関係に与えるダメージをできるだけ抑えながら営業部門を合併するためには、「これまでに何度もこういう統合を行い、経験を積んだ、ソフトな営業担当経営者」が必要だ。そういう人は当然、通常の職務から離れるのも

難しいだろう。

利害関係者の「声を代弁する」ことが必要だと提案するのは、これが行動であると同時に、模範を示すことでもあるからだ。たしかに外部利害関係者と直接協働するのは不可欠であるが、現実には、これらすべての関係にとって非常に重要な数多くの小さな問題をリーダー自身が発見することはおそらくないだろう。

だからこそ、リーダーが模範を示すことが非常に重要なのだ。マネジャーや従業員は統合がもたらす社内のストレスで頭がいっぱいかもしれない。しかし合併の健康は、会社の内側の「統合される」人々に影響されるのと少なくとも同程度に、統合の対象ではない社外の人々の影響も受けるということを思い出させる必要がある。顧客やビジネスパートナー、コミュニティ、労働組合、規制当局など、「外の世界」の人々も、合併によって創造される価値に、微妙だが強力な影響を与えることがあるのだ。

第5章

Fostering Momentum and Learning

[リーダーシップの課題5]

統合の勢いと学習の両立を奨励する

スピードよりも重要な統合の勢いと学習

アローエレクトロニクスはスティーブ・カウフマンがCEOを務めた一九八六年から二〇〇〇年の間に、合併後の統合をマネジメントする能力を育て上げ、統合を猛スピードで完了できるまでになった。カウフマンと、事実上の統合リーダーであったベティ・ジェーン・シャイン執行副社長は、どの統合の間もペースを緩めず、合併を発表する日の直前直後の数日間はとくに精力的に動いた。

カウフマンと合併相手の会社のCEOは、契約を締結する前に今回の合併を説明するビデオを制作し、発表直前にアローの各支店長に二本ずつビデオが届くように発送する。包みには、アローの本部から連絡があるまで開けないようにという指示がつけられている。取引が土壇場で破談になるかもしれないためである。

合併契約が締結されたという知らせが届くと、土曜日であることが多いが、アローのマネジャーは二本のビデオのうちの一本をその地域にある相手側の支店のマネジャーに届けるよう指示される。一方、地区マネジャーは管轄下の支店へのプレゼンテーション用の「セールスパッケージ」を受け取る。さらに、アローと相手側の上級マネジャーが集まって、相手側の会社の重要な人材数十人をピックアップする。

次に、カウフマンがメディアや金融業界、両社の社員に合併を発表する。これは月曜日に行われることが多い。発表数時間後には、彼は相手の会社の本社を訪れ、その後、十数カ所の主要な支店を回る。これと並行して、アローノースアメリカの社長がカウフマンの旅程にないところをカバーすると同時に、供給業者担当のトップが主要な業者を訪ねて合併の説明を行う。

発表の翌日、アローと合併相手の会社の全従業員の自宅に、合併の概要を説明した手紙が届く。また、カウフマンは、「火災監視人」を相手の本社に送り込む。公式にはＩＴの統合を指揮し、相手側の経営陣との連絡係として行動する任務を負った人である。この人はまた、相手会社の情勢に注意し、問題を早い段階で発見し、相手会社を内側から見る視点を獲得するという非公式の使命も帯びている。

たとえば、重要度が劣るマネジャーはだれか、困難な仕事をしているのはだれか、合併に否定的な言動をする傾向があるのはだれかなどを見きわめるのだ。同時に、小さな会議室に合併プロセス情報センターとして機能する「アロー作戦司令室」を開設する。大きなコントロールパネルには、合併相手とアロー双方の重要な人材の名前が掲示されており、こうした人たちをつなぎとめておくためのさまざまな対策の進行状況を細かく追跡するようになっている。以上のすべてを、二、三日でやってしまうのだ。

このような行動を素早く実行できたのは、合併を発表するまでに徹底的に準備を行っていたからだ。その間は、セールスパーソンやセールスマネジャーが相手会社の同じ立場の人と話をすることは許されない。しかし、双方の地域営業担当経営者は直接会って、さまざまな市場セグメントや地域別市場、特定の業者との関係での双方の強みと弱点を比較検討する。アローは相手側と法律上許される限りの情報を交換しているので、合併完了の日には完全統合を成し遂げる一歩手前まで行くことが多く、実際に成し遂げたこともある。

しかし、一九九四年のアンセムエレクトロニクスの買収では、アローは統合のスピードを大幅に落としたため、最初の一年間はほとんど何も起こらなかった。カウフマンは言う。

「私は二つの会社をあえてまとめようとはしませんでした。あちこちを回っては『分かれたままがいいですね』と言っていました」

中央集権化の傾向が強い業界にあって、アンセムはきわめて分権的なアプローチを取り続けていた。仕入れは現地調達であるばかりか、ほかの販売業者が支店の倉庫を合理化した後も倉庫を維持していた。こういう古いタイプのビジネスモデルはコストがかかったが、おかげでアンセムはこの方法に強い愛着がある何社かの重要な顧客との間に、深い絆を結んでいた。そのために、カウフマンはアンセムがいつまでも分権的モデルを維持することを許したのだ。

「アンセムの経営陣が『もう別々はいやだ』と言うまで、そのままにしておくつもりでした」

およそ一年後、アンセムのマネジャーもようやく在庫のコストがかかりすぎていると認めたので、倉庫業務を集中化した。しかし、元アローの施設では、二組の在庫を統合せず、アンセムの在庫は「倉庫内の倉庫」として分離されたままだった。

三年後、アンセムのトップマネジャーが、独立方式は、このころには半独立方式になっていたとはいえ、もうメリットがなくなったと報告してきた。ライバル会社とではなく、営業チーム同士が競争を始め、社内での競争が危険なレベルに達していたのだ。彼はチームの統合を提案した。カウフマンは顧客のタイプによって市場をセグメント化するというもう一つの解決法を考え出し、これによって問題は収まった。

カウフマンとそのチームは統合のスピードを最速化することに関して、ベストプラクティスとも評されるほどの能力を築き上げていた。だが彼は、その能力をより大きな物語のなかに置き、当然のようにルーティンとして適用するのではなく、相手側に意識的に選択させたのだ。

「統合では『速くやれ』がお題目になっているのは承知しています。合併にかかった費用はスピードを上げない限り効果的に回収できないからです。事実わが社は、必要となればどこよりも速く統合します。しかし、われわれが合併するのは必ず戦略的な理由があるからで、一株当たり利益を増やすためではありません。長期的なビジョンを重視しているのです。一年や二年、株式価値が希薄化するとかシナジーが得られないということがあっても、基礎をしっかりと固めるためには、それを受け入れる覚悟はあります」

アローとアンセムのマネジャーはどちらも、アンセムのビジネスモデルをアローに組み込んでいく方法を学ばなければならなかった。カウフマンは彼らの学習能力に沿ったペースを設定した。もし彼が統合物語の「最終章」を自分で描き、直ちにそれに向かって突進していたら、考えたその「最終章」自体が正しかったとしても、価値が破壊されていた可能性は十分にある。

急速な統合によっていち早くコスト節減を実現できたとしても、アンセムの重要な人材を大量に失って、顧客に提供する価値が弱まり、全体としての合併は不健康なものになっていたかもしれないのだ。事実、学習する必要があったために統合のスピードは落ちたが、厳密に言えば統合の勢いは失われなかった。むしろ逆である。被買収会社のマネジャーたちの間に理解とコミットメントが醸成されたことは、統合に弾みをつけるのに欠かせない重要な要素だった。

もちろんこれは、学習する必要があったために統合を大幅に減速するのが不可欠だった特異な例である。学習のために統合の範囲を狭めたり（第2章で取り上げたＵＢＳによるオコナーの買収では、被買収会社の特性の多くが慎重に維持された）、そのスタイルをソフトにしたり（スリーコムのエリック・ベナムーは第4章で、セールス部隊の統合のマネジメントには「ソフト」なセールス担当経営者が必要だと指摘している）する必要もあるかもしれない。しかし、学習のために統合のスケジュールをアンセムのケースほど大幅に遅らせる必要はない場合が多い。これはきわめて特異なケースなのだ。

現実には、こういう学習を猛スピードで行わなければならないこともある。一九九九年のブリティッシュエアロスペースとマルコーニ・エレクトロニック・システムズの合併では、両社の業務が重なり合う部分が非常に少なく、市場に約束していた二億七五〇〇万ポンドのシナジーはとうてい達成できないことが判明した。しかし、統合は最終的に四億ポンドの節約効果を挙げることができた。統合チームが調達などの大幅な節約が可能な分野に目を向けたからだ。

これは「解凍」である。ずっと以前からあったのに、どういうわけか放置されていた貴重な変革の機会を活用するための触媒として、統合を利用するのだ。この機会をうまく活用することによって、失敗しそうだった統合が大成功に変わったのだ。マイク・ターナーCEOは語る。「解凍とはつまり、合併という機会を利用して外部からベストプラクティスを取り入れ、自社に適用することです。これは合併に限らずいつでもできます。正直言って、財務上の成果の三分の二はこの解凍の効果で、シナジーの効果ではありません。仕事の進め方を変えただけです」

このような節約の機会を見きわめるには、もちろん学習が必要だ。しかし、同社のマネジャーたちがシナジーの弱点に気づいて対応したときにも、一段と深いレベルの学習があった。統合マネジャーのアリステア・イムリーはそれを次のように説明してくれた。

「根本的にやり方を変えなければならないと自覚したことが、突破口になったと思います。シナジーでは比較的小さな節約効果しか生み出せないという事実に思い煩うのをやめたら、突然、理解できるようになりました。行動を変え、組織を変え、その他あらゆることを変えなければならない、と。われわれには強い目的とそれをやり遂げる意志があると言い聞かせ、プロセスの問題を克服できるという自信を築いていったのです」

チームが自分たちの可能性を発見したことは、統合の成功に決定的な役割を果たした。なぜなら、シナジー不足のために鈍化しそうになっていた統合の勢いが持ち直したからだ。

アローエレクトロニクスのケースのように、自分たちが最も得意とする能力があらゆる状況に適用できるわけではないと思い知るのはつらいかもしれない。また、BAEシステムズのケースのように、これまでずっとなじんできた数多くのビジネスプロセスを、統合に直接関係のないものまで徹底的に分析しなければならないという事実は、最初は受け入れがたいだろう。

まったく異なるこの二つのケースに共通しているのは、深く自らを見つめる学習が求められた点である。どちらのケースでも、最終的に企業としての自己認識が合併の健康に大きく貢献したのだ。

一見したところ、合併という環境は学習にふさわしいとは思えない。緊張と不確実性が多すぎるし、物事は容赦のないペースで進んでいる。時間は不十分で、厳しい期限に迫られる。学ぶためにスピードを落とすなど、ぜいたくに思える。むしろ深刻なリスクかもしれない。

学ぶというのは、基本的には新しい知識を得ること、あるいは以前から持っている悪い習慣を捨て去るということだ。ほとんどのマネジャーは、学習より合併の勢いを優先している。統合が終わってペースが元に戻ってからでも多くを学べると考えているのだ。そのときになって、統合を振り返って得られた知識を現在の業務に生かせばいいし、とくにM&Aに関する知識なら、次の統合に備えて蓄えておけばよい。とにかく統合を完了するんだ。学習は後回しだ。次の機会にもっとうまくやればいい。[原注1]

ここには、統合の勢いと学習は厳しいトレードオフの関係にあり、統合が行われている間、とくに最も重要な最初の数週間から数カ月の間は、統合の勢いを維持することだけに焦点を絞るべきだというコンセンサスがある。だが、このような見方をしていれば、学習は二つの会社の製品ラインや顧客ベースなどの分野の、差し迫ったきわめて実用的な知識の共有に限定されてしまうだろう。

こういう見方にもメリットはあるが、健康な合併の達成は、そうした見方の限界を認識できるかどうかに大きくかかっている。ほとんどの合併には、価値創造の目標を達成するために絶対に学ばなければならない難しい問題があるはずだ。言い換えれば、統合の勢いと学習は本質的に相いれないものではない。両方を達成するには、両方を追求する以外に方法がないときもあるのだ。

> 統合の勢いを鈍らせないように学習を後回しにするのが、つねに賢明であるとは限らない。なぜなら、学習が「統合に不可欠」な場合もあるからだ。

ほとんどの場合、最も重要な課題は、アローとBAEシステムズのケースのように、企業としての自己認識を深め、応用することにある。

スピードの落とし穴

統合マネジャーの間で「どれくらい速く統合すべきか」というシンプルな問題が盛んに議論されていたのは、それほど前のことではない。

だがこの状況は変わった。一般的に、今日の経験豊かなマネジャーは統合のスピードを重要視しているが、統合のペースを決めるうえでは、統合の勢いとともに、学習にも注意を払う必要があることを十分に承知しているようだ。そして、これを合併の間に出会う最も複雑な課題の一つともとらえている。[原注2]

「できるだけ速く進めるべきだと主張する陣営のほうに私を入れておいてください」BHPビリトンのドン・アーガス会長はこう言う。多くのリーダーがこの陣営の終身メンバーになっている。

しかし、われわれがインタビューを行った人たちのなかには、それにはさまざまな条件があると指摘する人が多かった。アーガス自身も一つの条件を挙げた。「できるだけ速く」という言い回しは、合併のタイプによって異なる意味を持つかもしれないというのだ。たとえば、コスト主導の合併は概して収益主導の合併より速く進められるが、後者の場合でも価格改定によって価値を創造しようとするときには、速く進められるかもしれない。

ファイザーのデビッド・シェドラーズは、同じ組織でも部署によって、あるいは地域によって異なるペースを採用するのが理にかなっているかもしれないという意見をつけ加えた。アムジェンのケビン・シェアラーは、最高速度を出すよう発破をかけ続けるより、統制の取れたスケジュールを厳密に守るほうが有意義だと言う。

一方、一九九〇年代初期にスカイシェフに速いペースをたたき込んだマイケル・ケイは、速度について抽象的に議論するより、計画を徹底的に練ることと適切な資源を用意することに力を入れたほうがよいと警告している。

ノバルティスのダニエル・バセラももう一つ警告している。統合のペースを決めるには、会社が速いペースにどこまで耐えられるかを直観的に知ることが必要であり、会社が変わるには時間がかかることを認めるべきだと言う。

「私は三カ月で自分を変えることはできません。それなのに、同じ期間で会社を変えられるとどうして期待できるでしょうか」

事実、統合を全速力で進めないほうがよい理由はいくつもある。最も重要な理由の一つは、重大なリスクをできるだけ小さくし、重要なチャンスを見いだせるようなやり方で統合を行えるように、合併相手についての知識を急速に深めるのが必要なことだ。

急速に統合するという一般的な処方は健全である。ただし多くの条件がある。

慎重に進めたほうがよい理由の多くに共通する特徴の一つは、知識に何らかの空白があることだ。相手の会社について知らないことがあり、相手もこちらについて知らないことがある。あるいは、相手側も含めた顧客ベースやビジネスパートナーについて共通の理解が欠けている。製品とサービスのラインを統合する方法がわからない。社員やシステム、プロセス、事業所の場所などに関して難しい選択を迫られ、どうすればよいかわからない。顧客や規制当局、コミュニティ、労働組合などの外部利害関係者は、自分たちにとって何が変わろうとしているのか理解できないこともあろう。

どんな統合でも、変わらなければならないことは限りなくあり、それらは多くのプレーヤーにさまざまな程度の影響を与える。これらの変化に対応するにはかなりの学習が求められる。統合は、基本的には厳しい実行が肝心な課題だと思っている人が多いが、この認識は間違っている。

統合は、学ぶべきことが非常に多い活動なのだ。統合で求められる変化の多くは、むしろ単純な学習しか必要としないため、人はあまりこういうとらえ方をしない。何が違うのかをただ伝達するだけでこと足りるように見えるのだ。そのため、合併しようとしている会社はその利害関係者もひっくるめて、一つの大きな機械のように考えられ、統合の使命はその機械をプログラムし直す大がかりな作業ととらえられるのだ。

だが、学ぶことがいつもそれほど単純であるとは限らない。実際、これまでの章で何度も見たように、学習は統合のペースを決めるうえでの大きな不確定要因である。どの程度の速度で進めるべきかという決定を、最も複雑にしうる、目に見えない要因なのだ。統合の勢いが衰えるのは、いずれかの当事者が素早く効果的に学ぶことができなかった事実が関係している場合が多い。

われわれの見たところ、統合に不可欠な学習のそのような失敗に十分な関心が向けられているとは思えない。たしかに、野心的に学ぼうとする意欲をできるだけ統合後まで抑えて、統合に伴う試練を単純化するのには一理ある。しかしこれは、厳密に言えば、統合の目標の達成に不可欠ではない学習にしか当てはまらないのは明らかだ。

統合後の学習の限界

統合に不可欠な学習が重要であることと、その定義と実行があまり進歩していないことは、統合後の学習の場合と比較すれば明らかだ。統合後の学習は統合マネジャーがとくに目覚ましい進歩を見せた領域である。その課題は、統合に不可欠な学習の課題とはどう違うのだろうか。後者に関して統合マネジャーにあまり進歩が見られないのはなぜだろうか。

統合が終わった後で振り返り、その教訓を次に生かすかどうかは、単に仕事をこなせるだけの統合マネジャーと、新たに合併を経験するたびに力量を高めていくマネジャーを分ける重要な差別要因である。

実際、われわれの調査から、分析した五〇以上の要因のなかで、統合プロセスとその結果の両方を系統的に検証するためのルーティンが確立されているかどうかという点が、ただ一つの最も重要な差別化要因であることが判明した。

それに比べれば、統合の経験には予想したほどの「学習曲線」効果はなかった。つまり、経験が多いか少ないかで合併の結果を予測するのにはあまり意味がないのだ。

真に重要なのは、それまでに経験した合併の回数よりも、経験からの学習にどれだけ組織的に投資したかである。[原注3]

> 統合後の体系的な学習への大きな投資の正当性は否定できない。

有能な統合マネジャーの間からは、統合後の学習を可能にする方策に関して多くの興味深い革新が次々に生まれている。たとえば、スリーコムのエリック・ベナムーは、毎年買収の履歴を見直している。経営陣が最初に買収をする理由を説明するのに使ったプレゼンテーションまでさかのぼるのである。

これは、もっと広く行われている、統合の最初に設定した公式目標とだけ比較する方法とは大きく異なる。統合プロセスだけを見直すより、当初の価値創造の期待に照らして現状をチェックするベナムーのやり方のほうが、多くの教訓を学ぶことができる。M&A戦略に関してはとくにそうである。

グローバルな企業では、過去の統合の学習から得られた教訓を、必要とする人がだれでも利用できるようにすることも課題の一つである。

そのために、ファイザーのデビッド・シェドラーズは、同社の過去の合併に用いられたさまざまなテンプレートを、オンラインで閲覧できるようにした。これには、たとえば移行チームのリーダーが作成した詳細な覚書きなどまでもが含まれる。こうすることによってマネジャーたちは、新しい合併に必要だと判断すれば、過去の経験を徹底的に整理した概要をいつでも参照できるのだ。

この知識が正当に尊重されるようにすることも、これに関連する課題の一つである。シェルのグレッグ・ヒルによれば、同社では過去の買収から学んだ教訓を体系化しており、それから逸脱しようとするマネジャーは経営委員会にその理由を正式に提出するよう求められるという。

統合から得られた教訓は、もちろん次の統合の速度を上げる効果があるだろう。しかし、一方の会社にとっては非常になじみ深い統合のアプローチが、もう一方にとってはまったく新しいものかもしれないという問題は残る。

ワコビアのスティーブ・ベームによれば、同行は将来の統合がよいスタートを切れるようにするために、図書館学の専門家を雇い、大成功だった二〇〇一年のファーストユニオン銀行との合併を記録に残したという。ベームは言う。

「山のような仕事が待ち受けています。これにどう取り組むか、お互いを早急に理解することが非常に重要です。わが社のアプローチを文書にして活用することで、統合初期の学習にかかる時間を、数カ月とは言わないまでも、数週間は節約できると思います」

合併からは文書の形で体系化された教訓のほかにも、将来の利用に備えて残されるべき無形の教訓が大量に生まれる。サンコープのスティーブ・ジョーンズは言う。

「本当の経験は人々の頭のなかにあり、それをすべて書き記すのは不可能です。だからわが社では、大成功だった最初の合併にかかわった人々を会社につなぎとめておくことに力を尽くしました。次の合併でも彼らを活用しましたが、すばらしい仕事をしてくれました」

HVBグループのハンス・ゲルト・ペンツェルは、徹底的な文書化とともに、無形の知識を持つ人々との接触を絶やさないことが重要であると強く主張している。彼のチームは、統合へのアプローチを、数千ページにも及ぶ詳細な内部資料に基づき本にまとめて出版した。しかし、今後の合併でも、必ず経験豊かな統合のベテランに助けを求めるという。

「今日、大きな合併を発表するとしても、どうすればよいかを知り抜いている五〇人を一日で集められますよ」

これらの統合の専門家が重要なのは当然だが、統合のベテランたちがこぞって強調するのはラインマネジャーの役割の重要性である。とくにラインの統合に対する当事者意識は、形としては統合が終わった後も勢いを維持できるかどうかに影響する重要な変数である。

たとえば、スリーコムのエリック・ベナムーは、ラインに当事者意識があれば非常に大きな成果を達成できる可能性が高いので、それがあることが買収の条件だという。「会社が望むからという理由だけで買収を行うべきではありません。会社のなかに自分たちで責任を引き受けようとするほど買収を強く望み、買収を後押しする組織がなければなりません」

シスコやインテルのように買収経験が豊かな企業は、買収した会社それぞれに二重の「利益代表」構造を確立しているところが多い。計画と実施の段階での調整に責任を持つ「プロセス」利益代表者と、買収したユニットに関する重要なビジネス上の決定を行う権限を持ち、オペレーションと損益に責任を持つ「ビジネス」利益代表者である。このような体制をつくることによって、発表日のはるか以前の段階から、完全にラインマネジャーのコントロール下に入るまでの、プロセス側とライン側の合併に対する当事者意識のバランスが取れるようになる。

一般に、ライン側が統合のプロセスと目標についての責任を引き継ぐのは、早いほどよい。あまり表に現れないが、大きな理由の一つは、これによって統合プロセスと統合の長期的な成果の両方に経験のある一群のマネジャーを確保できることだ。彼らは過去の経験を振り返って何がうまくいき、何がうまくいかなかったかを見きわめるのにとくに適した立場にある。

統合後に学んだことをもっと精力的、創造的に活用すれば、大きな利益が得られる会社は多い。系統立った研究でも、われわれの経験でも、これが統合の成功に大きな差をつける要因であることが確認されている。

合併後の環境は学習に適しているため、この点の改善は可能だ。統合が終わればプレッシャーは和らぐ。雑音を無視して、本当に重要な大きなパターンを見られるようになる。よく言われるように、後から見れば物事はよく理解できる。

しかし、まだ難しい問題が残っている。リアルタイムでの学習が統合の成功には欠かせないのに、統合の条件下では達成が難しい。この課題にどう取り組めばいいのだろうか。

統合に不可欠な学習を実行しようとすれば、統合の勢いが衰えるように思われる。しかし、そもそもその勢いを得られるかどうかは、統合が行われている間の学習の成果にかかっている。「統合に不可欠な学習」とは、実は、「統合の勢いを得るのに不可欠な学習」と定義できるのだ。

> 今日最高の統合マネジャーが直面する最も難しい問題の一つは、統合に不可欠な学習をいつ、どのように行うかである。

この問題に答えるには、企業の自己認識について詳しく検証する必要がある。これは、あまり表に現れていなくても、この本のすべての章の底に流れている概念である。統合に不可欠な学習で最も難しいのは、自分の会社をよく知り、その知識を活用することだ。

企業の自己認識の役割

統合プロセスが始まると、マネジャーは学ばなければならない未知のことがあまりにも多い現実に圧倒されやすい。シェルが二〇〇二年にエンタープライズオイルを買収したときの統合マネジャー、グレッグ・ヒルは、知識が不十分なことが統合初期には大きな問題になることを強調している。

「統合の始まりは混沌としています。そういうものなんです。統合は発見の旅です。計画と統合にベストは尽くせますが、必ず驚かされることがあります。驚かないですむわけがありません。すべてを知ることはできないんですから」

突然、ほかの会社の見ず知らずのマネジャーと、これ以上ないほど全面的に協力しなければならなくなる。プロセスもシステムも文化も、自分の会社とはあらゆる面が違うかもしれない。そういうこともしばらくの間は、ベールに包まれているかもしれない。おまけに、早々にわかったことが、困惑するようなことばかりかもしれない。あるCEOは、新しく買収した会社をよく観察してこう思ったという。

「明らかになったことのほとんどが、予想より悪かったんです」

合併相手について学ぶ必要があるのは明らかなので、併せて行うべき自分についての学習、つまり企業としての自己認識を形成する必要に目が向かなくなるかもしれない。しかし、われわれの研究からは、後者の必要性が強く浮かび上がってきた。

われわれの調査では、買収するほうの会社のパフォーマンス文化と、リスクと多様性に対する寛容度という二つの特徴が、買収の成功を予測する強力な要因であることがわかった。合併後の学習がルーティン化されていることに次いで、この二つの特徴がそれぞれ二位と三位だったのだ。[原注4] 買収されるほうの会社の特性が関係するという発見がまったくなかったことと対照的である。この結果は、一般的に何を買ったかが最も重要だと思われていることと矛盾する。それよりも、自分は何者なのかのほうが重要であることがわかったのだ。

この興味深い発見は、合併する会社が自らを知り、この自己認識を応用し、さらに深める機会として統合を利用することの重要性をはっきりと示している。実際に、健康な合併では、企業の自己認識が、中心的な役割を果たし続けているのだ。

ここからは、企業の自己認識がどのようにその役割を果たしているかを、これまでの章で触れた例や新しい例を挙げながら説明してみよう。

企業の自己認識が持つパワー

企業が自己認識を持つことによって……

- ●自社の能力が大きく欠けている分野を特定できる
- ●自社の能力を過大に評価している部分や、評価が更新されていない部分を発見できる
- ●自社の強みに対する理解が足りない部分を認識できる
- ●通常であれば効果を発揮する習慣が、統合では逆効果になる可能性を認識できる
- ●相手の会社の強みを見いだし、活用するために必要な謙虚さを身につけられる
- ●自社を他者の視点で見られる
- ●以前からあった改善のチャンスに気づくことができる(「解凍」)

最も基礎的なレベルでは、現在の会社の能力に欠けていて、統合のじゃまをしたり合併会社の可能性を限定したりするおそれがある分野を特定するために、自己認識が必要である。自分の会社の能力を自己評価した結果を、合併会社が直面するはずの状況に照らして調整する難しさは、これより多少わかりにくい。シェブロンのジョン・ワトソンはこの調整をどのように理解し、経験したかを語ってくれた。

「シェブロンには、合併してできる会社はシェブロンがただ大きくなるだけだと思っている人が私も含めて大勢いました。実際合併してみると、難しい局面がいくつかありました。大きくなった会社が、以前と同じやり方を続けるのは無理だと気づくのに少し時間がかかったからです。シェブロン側が直面したかなり微妙な問題でした」

企業の自己認識は、形がなくとらえにくいエッセンス、会社の想像上の「魂」のようなものを探した結果として得られるものではない。ダイナミックな市場で顧客に価値を提供しようとライバルと競争している会社として自らを理解することが必要だ。自己認識は状況によって大きく変わる非常に相対的なものなのだ。したがって、逆説的だが、ほかの会社について学ぶことによって自己認識が深まることが多いのだ。ベンチマーキングの中心にあるのは、もちろん、このシンプルな考え方である。

非常に具体的な例で考えてみよう。自社がロジスティクスに優れているのを「知る」ことは、何を意味しているのだろうか。ある消費財メーカーはこの分野での能力に自信を持っていたが、実際は新しく買収した会社のほうが、この点ではるかに優れていることが判明した。同社は、この分野での統合を突貫工事的に行うことも検討したが、結局、合併が終わった後、統合後の学習課題としてロジスティクスの再設計を行うことにした。

このように、合併は自らの能力を過大評価しているところや、評価が古いままになっているかもしれないところを調整するチャンスを与えてくれる。これは合併がもたらす微妙だが強力なメリットである。合併は未知の会社との遭遇をとおして、自分が置かれている状況（この場合は、同じような会社がロジスティクスをどう運用しているか）に対する認識を広げ、自分の会社に対する理解を一層鋭くしてくれる。

しかし、このような機会を発見しようという期待を持って合併のプロセスに入る会社がほとんどないのは明らかだ。われわれの調査では、相手側会社の単独オペレーションのコスト改善が期待を上回っていた割合は全体の一四%だったのに対し、自分の会社の単独オペレーションのコスト改善が期待を上回っていた割合は二六%と、ほぼ二倍だった。合併は、合併しなくてもコスト削減が可能だということをいや応なく学ばされるよい機会であるようだ。

企業の自尊心にとっては、身が引き締まるけれども最終的には有益なショックとなる。しかし、自己認識を深めようとすれば必ずこのショックが伴うわけではない。むしろその逆で、統合は自分の会社の最大の強みをそれまで以上に深く理解するよい機会を与えてくれる。

たとえば、第4章で見たオレンジのケースでは、マネジャーたちは新しくパートナーとなったフランステレコムのマネジャーにオレンジのブランド力を明確に説明するのに四苦八苦していた。これはこの会社だけの特異な点ではなく、きわめて強力なブランドやビジネスプロセスを築き上げた多くの会社によく見られる特徴である。非常に現実的な知識を持っているのに、その多くは他者と共有しなければならなくなるまで言葉に表されないのだ。

ときには、互いに補完し合うスキルを持った双方のマネジャーや技術者が出会うことによって、予想もできない重要な革新が生まれることがある。そのようなケースでは、「表面積」、つまり二つのグループの接触の度合いを最大化することによって、長期にわたるリターンが得られる。P&Gのラフリーは次のように語っている。

「ジレットは、わが社同様、最も優れた基幹事業での革新のうえに築き上げられた会社です。だから私は、お互いに学び合えると期待しています。ジレットには機械技術者がいて、わが社には化学技術者がいます。新しいビジネスの展望が開けるに違いありません。タイプが異なるこの二組の技術者が一緒に働けば、いまの私たちには見えないものを見ることができるでしょう。われわれの視野には限界があるんです」

しかしいくつかの重要な学習の機会は、これ以上に具体的に定義でき、企業の自己認識はそれを定義するのにも役立つ。ラフリーはジレットのほうが進んでいた重要な領域の例を挙げた。「ジレットではすでに技術者陣が一体となってビジネス陣をサポートしています。われわれもその方向に移行しようとしていますが、まだそこまでは行っていません。ですから彼らが達成した段階を真剣に検討する必要があります」

優先度の高い目標の一つで相手のほうが進んでいることがわかったのは、明らかに重要な発見である。

さらに冷徹なビジネスの現実の一つは、どんなに有益なマネジメント手法でも、不適切な状況に用いれば、ほぼ間違いなく価値を破壊するおそれがあることだ。ヨーロッパのある運送会社は、現地マネジャーの積極果敢な姿勢を誇りにしていた。たしかに、これはほとんどのビジネスの状況で非常に価値がある特性である。

しかし、会社は自らをよく理解していたため、この特徴が運送取扱業者の統合を複雑にするおそれがあることを認識できた。これらの統合は規模が大きく、システムが複雑であり、プロセス依存度が高い。マネジャーたちはスケジュールより早く統合を達成しようとする本能を抑えて、もっとゆっくりとしたペースで慎重に足並みをそろえながら統合するアプローチを選んだ。このケースでは、明確に定められたスケジュールを厳密に守ったことが統合を成功に導いた重要な要因だった。

ある能力が企業文化にしっかりと根づいていて、外部にもその実態が広く知られるようになることがある。そういう場合、社外での評判が会社の自己イメージのなかのその能力の重要性を一層強化してくれる。これは会社にとって大きな利点になりえるため、多くのＣＥＯは外の世界から会社の顕著な業績と見られている点を大いに推進するよう促す。しかし、すぐには明らかにならないかもしれないが、外から会社の長所を認められることによって、いくつかの点で統合が難しくなるおそれもある。

たとえばシェルのグレッグ・ヒルは、二〇〇二年にエンタープライズオイルを統合した際に、シェルの文化が原因で、成功に必要な細部に配慮する姿勢をとりにくかったという。「シェルは伝統的に大きな賭けや大胆な動き、壮大なシナリオなどを特徴としてきた会社です。小麦粉をさらに細かく挽くような細かい仕事は得意ではありません。しかし、合併の統合では、小麦粉をさらに細かく挽くことこそ重要です」

そこでヒルは、たとえば統合のテンプレートを厳密に用いることや期限の厳守を要求し、組織の根深い体質に抵抗させた。

これまで見てきたように、よく練り上げられた一般的な統合アプローチが、実は最大の難問をもたらすことがある。本章の最初で紹介したようにアローエレクトロニクスはアンセムの統合を大幅に先送りにした。これは、ほかの状況では非常にうまくいくと証明されている統合アプローチを適用できない場合があることに気づくことの重要性を示している。このように、自分の強みの限界を自覚することは、企業の自己認識の重要な一部である。

企業が自己認識を追求すれば、おのずから謙虚さも深まる。自分の会社の弱点を自覚し、強みを客観視できれば、必然的に相手側の特徴に関心を持つようになり、それらの恩恵を受けられる可能性が増す。

これを実行するのは難しいかもしれない。自分の会社があまりにも杓子定規で傲慢であるため、相手会社の業務や文化の違いを受け入れられない、ましてそれから学ぶなどとても無理だと判明するかもしれない。しかし逆に、このようなことに妨げられなければ、統合は相手のことを学ぶだけでなく、自分の会社についての知識を深める機会にもなるだろう。

第3章でピーター・ウフリが語っているように、SBC(後にUBSと合併)が一九九一年のオコナー&アソシエーツの買収をとおして自らの文化を変革できたのは、こうした謙虚さによるところが大きかった。おそらくSBCがこの経験から学んだ最も重要な教訓は、伝統的なスイスの銀行という自己イメージによって同行の野心が不必要に制限されていたことだった。ウフリは、買収側の規模の大きな会社にとって、自己認識が変革に非常に有効であることをわかりやすく語ってくれた。

「オコナーのパートナーたちは、われわれが世界クラスの野心を抱く手助けをすることによって文化革命の口火を切りました。昔ながらのスイス式のやり方では、三つの大銀行が寄り集まってお互いのバランスシートや成長率や純益を比較していたでしょう。しかし、若いオコナーの連中は序列や伝統などは、一顧だにしませんでした。ただ『業界トップはどこで、そこと競争するには何が必要ですか』と聞くばかりでした。スイスではUBSが重要なライバルだと答えると、『そうですか。でも世界一の銀行と比べなければなりませんよ』と言うのです。そのうちに、この野心がわが社の上級マネジャー全員に広がりました」

オコナーのマネジャーたちは並外れた自信家だった。しかし、買収される側のマネジャーが控えめなために、買収する側が謙虚になるのが難しいことがある。

アルキャンのリチャード・エバンス執行副社長は、二〇〇〇年にアルグループを統合したときにこのことを発見した。アルグループのマネジャーは「おたくがうちを買ったんだから、何をしたらいいか教えてほしい。われわれは言われたとおりにする用意はあるし、成功したい。何か適当な方向を示してほしい。もし無茶だと思ったら突き返すから、とにかく指示してほしい」という態度だったという。アルキャンのマネジャーのなかにはこういう態度が適切だと考えた人たちもいた。

しかし、当時アルキャンは自らのマネジメントシステムの欠陥の改善に取り組む必要があったため、とうていこうした要請すべてに応えられる状況ではなかった。そのため、エバンスは買収側の会社に一般的に見られる、「すべてわかっている」という態度を取らないことにした。エバンスは当時をこう振り返る。

「いろんな状況でどうするのが正しいかを公然と議論しなければならないなど、気まずいときもありました。アルキャン側は、どうかするとアルグループより劣るやり方をアルグループに強制しがちでした。そこをうまくさばくことが、統合の最大の課題でした。また、アルグループ側には、彼らにも発言権があることを繰り返し強調しなければなりませんでした」

ビジネス報道では買収したほうの会社のマネジャーが傲慢な悪者として描かれる傾向があ

るが、両社の強みを生かして健康な合併を成し遂げる責任は彼らだけが担うべきものではない。被買収会社のマネジャーも誇りと自信を持ち、ケビン・シェアラーの言うように、自分たちは「征服された」という意識を乗り越えなければならない。

しかしそれを促すには、買収側のマネジャーは自分の会社を被買収会社のマネジャーの目で見る視点を獲得しなければならない。したがって、企業の自己認識が意味するのは、自分は何者かを知ることだけではない。他者にとっての自分は何者であるかを知ることも意味するのだ。

たとえば、アムジェンのマネジャーは自分の会社を、大製薬会社としてではなく、急成長した新興のバイオ企業だと考えがちかもしれない。しかし、第3章でシェアラーが述べているように、彼らに買収された企業のマネジャーがアムジェンをこのように見るとはとうてい期待できないだろう。

「イミュネックスにとっては、われわれが巨大製薬会社なんだ」

ファイザーは紛れもない巨大製薬会社だが、執行副社長兼CFOのデビッド・シェドラーズは次のようなコメントを加えている。被買収会社のマネジャーが買収側の戦略的な視点を共有するものと考える根拠はないというのだ。

………………

「最初からターゲット企業の経営陣が将来について同じ戦略的視点を持っているに越したことはありませんが、それは多くの面で不可能でしょう。たとえば、ファイザーが規模を生かした戦略を採ろうとしていて、多くの領域ですでに大きな市場シェアを獲得しているとすれば、はるかに小さいシェアしか持たない会社とわれわれの視点はかなり違ったものになるでしょう」

どんな会社でも同じだが、ファイザーの戦略的視点も、戦略の立案だけでなく市場での日々の競争の延長であるプロセスから生まれてくるものだ。第2章で用いた言葉で言えば、企業のものの見方は自分の会社の「バックストーリー」に強く影響される。

したがって、合併会社の将来について、合併相手が自分の会社と同じ考え方を持てるし、また実際に持つようになるが、バックストーリーまでは完全に共有できないと認識することが、企業の自己認識の重要な要素になる。もちろん、新会社が前進するとともに双方のマネジャーはゆっくりと共通のバックストーリーを育んでいくだろうが、それには時間がかかる。

買収側に確固たる業績の歴史があるときも、被買収会社のマネジャーが統合に関する重要な決定について必ずしも買収側の判断に従うとは限らない。何と言っても、買収側にはわからない被買収会社についての重要な知識を持っているのは彼ら自身であるし、トップの業績を挙げている会社の場合もあろう。

好結果を出し続けている大きな連続買収企業は、高い業績を挙げている被買収会社をさらに向上させる最善の方法を最初からわかっていると思い込まないよう、とくに警戒すべきだ。系統的な研究では、合併という状況は、とくに、いわゆる「迷信的学習」に陥りやすいことが示されている。つまり、合併に必要な能力を持っていると主観的に強く思い込んでいるが、実際には何が効果的で何が効果的でないか、その理由は何かを十分に理解していない状態である。

さらに、この問題は買収の経験を積むに従って大きくなり、これを一掃するには、相当な資源を投入して学習したことを明確に表現し、体系化するほかに道はないように思われる。[原注5]

スティーブ・ベームは、二〇〇四年のワコビアによるサウストラストの統合を振り返り、被買収会社がもたらすものを尊重することが重要だと強調した。

「ワコビアのリーダーがどんなに有能でも、過去一五～二〇年間、サウストラストを経営してきたのは彼らではありません。その間に、サウストラストは途方もない経験をしてきたのです。もちろん、われわれが熟知していることで彼らのビジネスを将来もっと成功させるのに役立つことを使いたいとは思っています。しかし、それには彼らの組織の重要なリーダーにビジネスプランの開発に深くかかわってもらうしか方法はありません」

サウストラストの「バックストーリー」が強く安定した業績を一貫したテーマにしてきたことを考えれば、マネジャーたちがワコビアのマネジャーたちを教師ではなくパートナーとして見るのは当然である。

統合の過程では、合併後も引き続き役に立つ統制やメカニズム、文化的特性などがプロジェクト・ベースで採用されていることに気づくだろう。これは、統合の期間によく見られる好ましい効果である。プレッシャーのなかで何かを成し遂げようと必死になっていると、いつもの方法より優れた方法を思いつくものだ。

ある統合マネジャーが次のようなことを明かしてくれた。買収したほうの会社の文化は説明責任という感覚が希薄だったが、統合はそれに対して気つけ薬のような効果があったという。それ以前の文化は、どちらかと言えばのんきなものだった。期待した結果に届かなくても、一人ひとりがベストを尽くせば十分だと考えられていたのだ。しかし、シナジーへのコミットメントを公にすることでそれが変わった。

「結果が思わしくなければ、やはりその人に責任があります。その任務を果たしてくれることを期待して契約したのですから。だから、振り出しに戻って不足を埋める別の方法を探さなければなりません。詳細な計画、文書化、目標設定、結果に対する責任の所在を明らかにする、これらは統合によって身についた能力ですが、少なくともある程度はビジネス全体に応用しています」

このように説明責任を明確にする文化が会社全般にわたって強化されることが、統合プロセスの目に見えない恩恵のなかで、おそらく最も普遍的に見られるものだろう。通常は、さらにマネジメントシステムとプロセスの変化も伴う。

また、マネジャーが統合を経験することによって、機能していても改善の余地があるシステムとプロセスを調整するようになるケースがある。

たとえば、スティーブ・ベームによれば、ワコビアは統合プロセスの一環として「変革対応態勢評価レビュー」を開発したが、これは同行の主要な変革全般にも適用できることがわかったという。レビューは、すべての変革の提案について、それらが会社内部と外部両方に及ぼすあらゆる影響を統合チームが評価できるようにするものだった。ワコビアはこのレベルの分析を制度化し、合併に限らず、あらゆる変革のプロセスをより健康的なものにできた。

デビッド・シェドラーズによれば、二〇〇〇年のワーナー・ランバートの買収と、二〇〇三年のファーマシアとの合併前のファイザーのマネジャーの意思決定スタイルは、多くの選択肢を徹底的に議論したうえで、手続きにのっとり慎重に行うものだった。実行する前に決定の正しさを確認することを非常に重視していたのだ。

しかし統合の過程では、マネジャーは難しい決断を素早く行う必要に迫られる。一度下した決断を覆さなければならない場合もあることを受け入れなければならない。二つの意思決定アプローチの違いの詳しい検討によって、手続きを重んじるアプローチの問題のいくつかが認識できた。そこでファイザーは最終的に自らの意思決定アプローチを修正した。

「この二件の統合を進めている間に、古い慎重なやり方に疑問を持つ者が出てきました。古いやり方の欠点は、手遅れになるまで行動を起こさない場合があることです。行動方針の誤りを認めず、間違いを修正しようとしないのも問題です。だから、この二年の間に、行動する前にどこまで分析を続けるかという問題について、従来とは異なるバランスを探し出したのです。その結果、以前よりも早く行動を起こすようになりました」

もちろんマネジャーに決定を早くするようにと指示するだけならいつでもできる。現にそうしているCEOは多い。しかし、押しつけでは物事はあまり変わらない。企業の意思決定ルーティンは、実際には非常に複雑であり、決定の機が熟したかどうかの判断は暗黙の共通理解によっている。ある程度プロセスを加速するには大胆な実験が必要であるが、マネジャーはそれには大きな不安を抱くものだ。

しかし統合の場合は、マネジャーも実験せざるをえないとスムーズに受け入れる。期待されている結果を出すにはそうするしかないからだ。異なるペースから得られる結果を比較しても、無条件に統合が強いる速いペースの意思決定が採用されないのが普通である。おそらく、その中間のどこかに新しいリズムを見いだすことが多いだろう。

統合を経験すると、統合で用いた仕組みをほかのことにも継続して使うようになったりする。シェブロンのジョン・ワトソンは、合併時の統合運営委員会の役割が拡大し、通常業務の業績管理までカバーするようになった経験をこう語った。

「われわれがつくった決定評価委員会は、今後も統合に関する懸案について必要な活動は何でもしますが、ＳＢＵ（戦略事業単位）の業務全般についても検討することになりました。わが社はきわめて分権的な会社です。こういう中央集権的な活動が採用されたのは、きわめて高い評価を得たからだと言えます」

しかし、ファイザーのシェドラーズは、これとは対照的な例を挙げた。同社は統合の経験から、上級マネジャーの時間を費やす効果がなくなったと判断した案件については、決定権限を分散させることにしたという。

長期的に見れば、どんな会社でも中央集権化と分権化の間を揺れ動く傾向がある。新しい統合はそのたびに新しい課題をもたらし、調整が必要になるからだ。統合は、そのたびごとに集権的アプローチと分権的アプローチの間でさまざまな位置を取る機会を提供してくれる。実際、従来とは異なるマネジメントの方法を試す実験の役割を果たしていると言える。この場合の企業の自己認識は、会社で規範とされているマネジメント手法の長所と短所を現実的に評価することから得られる。もちろん、試してみた新しいアプローチを採用しようとするときにどの程度の困難を感じたかも、自己認識に必要な要素である。

以上のように、合併は企業が自己認識を深め、その知識を生産性の向上に生かすユニークな機会を提供してくれるとわれわれは考えている。たしかに、このセクションで挙げた例が示唆するように、発見された機会のすべてが厳密な意味で統合に不可欠であるとは限らない。しかし、そのほとんどがいずれ実を結ぶ。したがって、合併の結果としてより賢くなった会社が登場することが、合併の健康の証しになる。

統合における3つの原則

統合から学んだ教訓の体系化は、長年の間に大きく進歩した。見返りが大きいという理由からだけではなく、プロセス自体が継続的な改善に役立つからでもある。真剣に取り組んだ会社のほとんどは、何度かの統合を経験した後、この分野での向上がはっきりと見られる。

統合に不可欠な学習は、合併ごとに非常に異なる形を取るので、マスターするのははるかに難しい。本章では多様な例を取り上げたが、とても全体像を提示できたとは言えない。次の合併の成否を決する学習課題は、これまでに経験したものや本章で説明した課題とまったく異なっているかもしれないのだ。

しかし、繰り返し現れる重要なパターンがいくつかある。次に示す三つの実用的な原則を活用すれば、とらえにくいこの課題が多少なりとも扱いやすくなるだろう。

◉原則1：統合の勢いと学習についての難しい決定にリーダー自らが責任を負う

これまで見てきたように、ほとんどの統合チームは当たり前のように学習を犠牲にして、統合の勢いを最大化しようとする。統合に不可欠な学習の必要性を積極的に推奨しなければ、シナジー目標やマイルストーンにとらわれている人たちに学習を期待するのはとうてい無理だ。

今日の製造工場のなかには、組み立てラインに製品の質を損なう何らかの異常を発見したときにラインを止める権限を、すべての人に持たせているところがある。統合チームの場合は、ペースを落とさないというプレッシャーが強すぎるため、そういう仕組みにはなっていない。

変革への期待があり、それに対応して学習の必要性も非常に高いところでは、トップによるリーダーシップの発揮がとくに求められる。二〇〇一年にオーストラリアのサンコープ・メトウェーがＡＭＰの総合保険部門であるＧＩＯを買収したとき、同社は当初八〇〇〇万オーストラリアドル相当のシナジーを市場に約束していた。三カ月後、同社は一億六〇〇〇万ドル相当のシナジーを達成したと発表し、その一年後には、目標を四億ドルに上げた。

金融アナリストは、価値創造がこれほどの規模になるとは予想できなかった。ＧＩＯのコストだけに注目し、これを業界標準レベルにまで下げればどれだけの利益が生まれるかということしか問題にしていなかったのだ。

だがメトウェーのスティーブ・ジョーンズＣＥＯとマネジャーたちは、合併を資産運用や銀行業務などの領域で同社の業務を変革する触媒ととらえていた。だから、たとえば被買収会社の一般保険業務と自社の小口融資やクレジットカード業務のリスク評価の間に強い類似性があることがわかると、同社は業務センターを統一して、バックエンドにおける新しいビジネスモデルをつくったのである。

このような難しい学習課題は、上級マネジャーが支援者として深くかかわらなければ達成できないのは明らかだ。しかし、これほど劇的でない学習課題についても、同じことが言える。とくに、自己認識の空白を埋める必要がある学習課題に当てはまる。実際には、統合に不可欠な学習の教訓は、何の変哲もない事実にしか見えないこともあるだろう。

シェブロンのマネジャーが、統合してできたシェブロン・テキサコ（当時の社名）は、単に「シェブロンを大きくした会社」にはなりえないことを学んだのはその一例だ。このような課題は、一般にはそう見えなくても、関係者からは統合に深刻なリスクをもたらすほど重大だととらえられている場合が多いため、リーダーが積極的な役割を果たすことが求められるのだ。

◉原則2：トップチームが早い段階から集中的な学習に取りかかる

大規模な合併では、上級マネジャーが学ばなければならないことがかなりあるのがつねだ。実際、合併の完了までにトップに新会社を創造するというリーダーの最初の課題は、何よりもまず学習を必要とする。

ここでも、合併の勢いと学習をトレードオフとして考えるのは非生産的だ。トップチームが最初の数週間を集中的な学習に費やしていると、外部の人や同じチームのほかのメンバーからさえも勢いが鈍ったと解釈されるかもしれない。

実際には、最初の数週間は、チームづくりの自然なリズムに沿って動くだろう。まず、新しく発表された上級マネジャーたちがあわただしく最初の一連の行動を取る。合併の健康を守る（たとえば、顧客や従業員とのコミュニケーションを図る）、統合に備えて重要な設定を決定する（たとえば、統合マネジャーや重要な統合チームのリーダーを指名する）などの動きである。その後に、チーム内でメンバーがお互いの会社について学ぶ濃密な交流の時期が続く。

この学習は多くのレベルにまたがっている。「相手の会社の顧客はどういう人たちか」とか「相手の会社のコストは」ということだけでなく、「相手の会社はどういう会社なのか」「一緒にどのような仕事ができるのか」、果ては、この章で見たように、「われわれはどういう会社なのか」との問いにまで答えを探そうとする。健康な合併では、この集中的な学習の期間に、新会社がまずトップチームのなかに形成される。その後、正式に統合が始まると、またひとしきり活発な動きがある。

これらの一連の学習は、合併に弾みをつけるうえで最も重要だが、度を越してしまうこともある。集中的に行うべきだが、いつまでも続けていてはいけない。効率のよいチームに結実しなければならない。自意識過剰のおしゃべりに時を費やす場になってはいけないのだ。

◉原則3：ラインを巻き込んだ学習を制度化する

ラインの当事者意識を最大化することはもちろん広く受け入れられている統合の慣行である。しかし、これが単に、統合した相手会社とプロセスを、統合チームからラインの手に移すだけの意味になっている場合がある。これは統合が完了したときに勢いが失われる原因にもなりうる。ラインは渡されたものをただ受け取るだけでなく、それに対して、深い豊かな当事者意識を持たなければならないからだ。

デビッド・シェドラーズは、統合プロセスがまだ初期の段階にあるときにラインマネジャーと強い絆を結び、その後、彼ら自身が当事者意識を育むように仕向けた。

「彼らとともにプロセスを育てることによって、その支持を確保するようにしました。書式を渡して『これに書き入れてください』と言うだけで済ませたりはしませんでした。彼らは最初から、テンプレートを開発したり、過去の経験を振り返ったり、プロセスをさらに完璧なものに仕上げたりすることにかかわっていました」

だれかから教えられたことより、自分で学んだことについて、深い当事者意識を感じるのはマネジャーもほかの人と同じである。マネジャーが学習のプロセスに幅広くかかわれば、対立するように見える統合の勢いと学習も、実はそれらが相互依存的な関係にある現実を示す、もう一つの例となろう。

これまで見てきたように、合併から生じるすべての貴重な学習の機会が、統合の間に十分に活用できるとは限らない。プロジェクトが終わってからもかなり長い間続く学習活動もあれば、現実的には時間がたってからでないと始められない活動もある。

アルキャンのリチャード・B・エバンスは、統合チームをできるだけ早く解散したほうがよいと強く主張している。長期的な学習課題を発見する責任を統合チームからラインに移行するのに役立つからだという。

「たとえば、第一次金属グループがITシステム全体の再設計を統合の間には行わないで、将来検討することに決定するとしましょう。ラインマネジャーがその決定をすれば、その考えがリストからもれることはありません。しかし、もし統合チームがそれを決めたのなら、よい考えであってもチームが解散するときに失われる可能性があります。失われなくても、ラインマネジャーはそれをあらためて学び直さなければならないでしょう」

統合の勢いと学習には、かかわり続けることが非常に重要である。この原則のために、オレンジのジャン・フランソワ・ポンタルは、統合が終わった後も重要な学習の気運を衰えさせないように、新しいラインの役職をつくったほどである。これは、途中で権限が移行するという弊害を避ける創造的な方法だが、たいていの場合、もっとシンプルに、ラインを最初から学習に参加させることによっても十分な効果は得られる。

第2部

健康な合併を達成する前に

リーダー自身が健康になる

第6章

Mastering the Language of Integration

統合を語る言葉をマスターする

もう一つの出発点

上級マネジャーは、創造力を駆使して合併が会社に与える影響を広く理解したうえで、付加価値のあるリーダーシップの役割を自ら定義する必要がある。統合チームの技量が高まり、彼らが使う統合ツールやテクニックが制度として定着していくなかでの上級マネジャーの責任は、現状満足に向かいがちな流れに対抗することだ。

上級マネジャーは真に健康な合併の実現を目指して全力を尽くさなければならない。

リーダーシップの課題について論じた第1部でわれわれは、このリーダーシップが何を必要とするのかについての一つの視点を提示した。それは、実際にさまざまな企業のリーダーたちが多くの統合で経験したことに基づいた視点である。

残念ながら、リーダーシップについて書かれた本はいずれも、リーダーが実際に果たした役割をかなり様式的にしか描いていない。ページに限りがあり、また読者を退屈させないように速いテンポを維持する必要があるからだ。強烈な印象を与える識見や決定、行動だけが強調される。重要なのはこれだけだ、とでも言うように。こういうハイライトシーンを見て、そこから、統合の間にリーダーが日々行ってきた何千何百という交流のなかで実際に何が起きていたのかを想像する作業は、あまねく読者に委ねられている。

合併のベテランは、合併のリーダーシップを類型的に語ることがどれほど誤解を招きやすいかをよく知っている。壮大なアイデアや大胆なテーマ、決定的な瞬間などが目覚ましい効果を発揮するのは、リーダーが日常的な介入を限りなく行うことによって補強されているからにほかならない。だが、リーダーシップに関する書物のなかで、これらの無数の「リーダーのひと押し」が取り上げられたためしがない。

この点は、どんな場合のリーダーシップについても言えるが、合併ではとくに顕著である。マネジャーは、通常の任務では体に染み込んだ定型的な業務を効率的に遂行しているが、プロジェクトにかかわっていると、そういう業務をこなすのも思うに任せなくなる。また統合は、とりわけ高い集中度を要するプロジェクトであり、つねに「実行モード」でいたい誘惑は抗しがたい。だから、内省的なマネジャーはしばしば、統合の仕事をしていると考える時間がまったくないと訴えるのだ。

たしかに実行は必要だが、合併には決められた結果を出すだけでなく、もっと多くのことがかかっている。合併は混乱を伴う出来事だ。新会社の健康に多大な影響を与える可能性がある。その影響がよいか悪いか、有形か無形か、予想可能なものか意外なものかはわからない。こうして最悪の状態に陥る。マネジメントに深い内省が緊急に求められているのに、そうするのがとくに難しい期間なのだ。統合チームのメンバーが直面しているジレンマはこの点にある。

統合チームのメンバーは、早急に統合から身を引く必要があるが、とてもそうできない状況にある。

本書では「究極の統合のテンプレート」としてのトップチーム、「会社の物語」「パフォーマンス文化」「パフォーマンス契約」「統合に不可欠な学習」「企業の自己認識」などといった用語を用いた。その目的は、統合チームの現実的な実務に向けられているリーダーの関心を、統合が企業の健康に与えるより広い影響に向けさせることにある。

これらの用語は奇異に聞こえるものもあるかもしれないが、プロジェクト型の思考からの脱却を狙いとしている。そのために、たとえば、統合に関する文献で企業文化が統合の目標を達成する障害になるという認識が広まったのに応じて、肯定的だが逆説的な「パフォーマンス文化」という概念を提案して新しい議論の枠組みを提供した。また、合併におけるコミュニケーションが高度に洗練されてきた結果、マネジャーと従業員が合併をどう位置づけるかに混乱が生じることがある。そこでわれわれは、合併のための基本的な物語を提示するリーダーの責任を強調するために、「会社の物語」という概念を紹介した。

だが、これは統合そのものを語る言葉ではない。プロジェクトの仕事の現実からかけ離れている。有能な合併リーダーも普通はこういう言葉を使わない。それは本書に引用されている人々の発言をざっと読めばすぐにわかる。

統合チームのなかに、企業の健康のある側面について自分よりはるかに鋭い洞察力を持っている人が存在する幸運なリーダーもいるだろう。たとえば、セールス部隊の意欲をかき立てるのは何かを、トップチームのだれよりも理解している人がいるかもしれない。健康な合併を達成するのに何が必要かを判断するとき、リーダーが頼るのはこういう人たちとの実りある対話だ。またプロジェクトに直接参加していない人や社外の人との対話も同じく重要だ。

とはいえ、健康な合併を達成するための計画を、「実行可能な」言葉に翻訳する作業には、あくまでもリーダーが責任を負うべきだ。自らの役割を、巧みな言葉でビジョンを語ることだけに限定してしまう合併のリーダーは、統合からそのビジョンを体現するものが何も生まれないというリスクを冒している。そのビジョンは実現可能だと主張する資格さえない。リーダーの役割は大きなことを考えることで、部下の役割はそれを実行に移すことだという単純すぎる考え方は、ビジネス全般、とりわけ合併に悲惨な結果をもたらしてきた。

実際、これに先立つ第1部での議論からは、冷徹な事実が浮かび上がってくる。その一つは、企業の健康に関する健全な見識を統合作業の現実的なプログラムに翻訳するのは、統合が力強くスタートしたように見える場合でも、だれかに任せてしまえる仕事ではないということだ。合併のリーダーは、長期にわたって統合にかかわり、「リーダーのひと押し」を与え続けなければならない。

統合チーム向けの本を書くとしたら

第1部では、上級マネジャーがリーダーとして合併に果たすべき役割が、ほかのマネジャーの役割と異なる点を強調してきた。価値を付加しようと思えば、上級マネジャーは自分を単なる上級統合マネジャーと考えてはならないのだ。

しかし、第2部では見方を変えて、リーダーも統合マネジャーとそのチームの視点を持つことが重要である点を強調したい。リーダーは、自分が描く健康な合併を達成するには、彼らに頼らなければならない。同様に、彼らもまた、リーダーが統合を語る言葉によって助けてくれることを期待している。リーダーの役割は彼らの役割とは違うが、リーダーが用いる言葉は、広くだれもが使えるものでなければならない。

統合チームのメンバーに向けてこの本を書くとすれば、まったく違う方法で書き始めていただろう。野心を拡大させるための強制手段として「会社の健康」というメタファーを最初に提示するのではなく、彼らになじみのある統合プロジェクト業務の現実から出発していただろう。

言い換えれば、会社の健康というきわめて広いコンセプトから統合プロジェクトの細かな世界へと「外から内へ」入っていくのではなく、逆に「内から外へ」と話を進めるのだ。つまり、統合プロジェクトの現実から始めて、徐々に視野を広げ、最後には合併が会社の健康に与える影響をはっきりと浮かび上がらせる。

外から内へと議論を進めるのは、リーダーの主要な役割である、型にはまらない大胆な答えを出すのに役立つ。一方、内から外への視点は、統合チームのメンバーが着実に実行して健康な合併を達成する可能性を高められる。

ここで重要なのは、統合チームのメンバーは当然、統合に役立つと証明されていることから始めようとする点だ。彼らは合併によって「さらに健康」にならなければならないという一般論は難なく理解できるだろうが、当然、すでに実行していることをどう適応させるかという観点からその目標を解釈しようとするだろう。何と言っても、彼らは上級統合マネジャーとは違って、自分の役割を非常に明確に理解していて、そこから出発するからである。

> 上級マネジャーは自分の役割を新しくつくり上げる必要があるかもしれないが、統合チームのメンバーの役割は、すでにかなり明確になっていて、彼らはそれを出発点と考える。

したがって、統合を語る言葉をマスターするためには、必ず、統合チームのメンバーが自分たちの仕事の最も重要な原則だと考えていることから始めなければならない。少なくとも、それに関連づけなければならない。

それらは、企業はいかに統合すべきかについての三つの基本的な教訓であり、統合チームを対象とする本を書くとすれば、つねにこれらが中心的な内容になるだろう。

リーダーが統合チームと効果的にコミュニケーションを行う能力とは、結局、これらの教訓を駆使する能力である。そこで、ここから数ページを使って、統合チームに向けて本を書くとすればどういうものになるか、その内容を要約してみよう。

「価値」「人」「調整」――統合チームの基礎になる3つの教訓

マネジメント関係の書物の標準から見ても、企業合併に伴う統合に関する文献は、押しつけがましくなりがちだ。二つの会社を統合するためのベストプラクティスとして、いくつかの明確なルールの提示が中心になっているからだ。しかし、詳しく見れば、これらのルールの多くがどう適用されるかは合併状況によって左右される度合いがきわめて大きく、その用い方にもかなりのバリエーションがあることが明らかになる。

とはいえ、合併による統合のマネジメントに関して広く意見が一致している点を語ることはできる。

統合に関する文献には、プロセスに関する膨大なルールが詰め込まれている。とくによく取り上げられる分野は、統合オフィスの設立、シナジーの特定と実現、利害関係者とのコミュニケーション、基幹ビジネスの保護、プロセスや事業所、役職の集約、文化の変革のマネジメント、統合の勢いの維持、統合後の価値創造の新たな機会への準備などである。

これらの領域には、専門家を必要とするものがある。たとえば、技術とエンジニアリング、財務会計と管理会計、事業所やスタッフのネットワークの最適化、あるいは、複数の管轄区域における雇用や供給契約、リース、合併完了前の情報共有などの分野の適用法といった領域である。

統合課題の一番の特徴は、総合的であることだ。あらゆることが互いに多かれ少なかれ関連し合っていて、限りなくプロジェクトに依存しているように思われる。したがって、統合に関する文献は、プロジェクトに期待されている結果をきちんと出すためには何をすべきで、何をすべきでないかを際限なく列挙したものと見られる場合があるのだ。

数年がかりの巨大なプロジェクトを行うような会社、たとえば航空機メーカーなどは別として、ほとんどの企業はこれほど複雑なプロジェクト用チェックリストが必要にはならない。だが、これまでに書かれてきたこの膨大な内容をもっとシンプルに考える方法はある。マネジャーやコンサルタント、研究者たちが、長年の間、大規模な統合に何度も遭遇しながら開発してきたのだ。この考え方の基礎になる貴重な教訓とは何だろうか。

一般的な重要性で他を圧しているのが、次の三つの基本的な教訓である。

①価値に焦点を合わせ続ける
②人の問題に体系的に取り組む
③統合ごとに流動的に調整する

「価値」「人」「調整」は、統合に関する文献の柱となる三つの大原則である。

> 数十年にわたって何千というマネジャーが統合で経験してきたことは、詰まるところ、「価値」と「人」と「調整」である。

それぞれの教訓の背後には、膨大な量のマネジメント本や記事がある。また、いくつかの要素については高度な学術的研究も行われている。合併に関する文献を読んだり、コンサルタントを雇ったり、かなりの統合経験があるマネジャーと話をしたりすれば、これらの教訓がさまざまな形で繰り返し語られるのに出会うはずだ。

●第1の教訓：価値に焦点を合わせ続ける

一時代前は、価値を創造するのは主として、会社のM&A構想を立案する戦略家と、契約をまとめる交渉チームの問題と考えられていた。統合チームの課題は、そういう人たちによって

価値が創造された後、統合プロジェクトを実行することだとされていた。だが、そんな時代はとうに過ぎ去った。[原注1]

実際、今日では、交渉担当者は、交渉をまとめただけで価値を創造したと称賛されるより、高すぎる買い物をして価値を破壊したと責められるほうが多い。だが、適正な価格で行われた合併でも、契約の締結後、価値を特定し実現するためにしなければならない大きな仕事が残っている。漠然と予測していたシナジーは、素早く翻訳して、統合チームとラインマネジャーが追求できる具体的な価値創造の機会として示さなければならない。[原注2]

夢中でスプレッドシートを分析している最初の数週間は、価値に焦点を合わせ続けるのはそれほど難しくない。この段階では高揚感があったりもする。シナジーの総価値が、市場に約束していた総合目標を超えたときはなおさらである。

しかし、最も難しいのは、その後なのだ。[原注3]

目覚ましいシナジーが得られても、そこには多くのリスクが潜んでいるかもしれない。すぐに思い浮かぶリスクは、予想値に間違いがあったとわかることだ。シナジーを実現するためのコストが予想を大きく上回るかもしれない。ラインマネジャーから、達成を求められているシナジー目標が非現実的だと異議を唱えられることもあるだろう。さまざまな原因によって価値が破壊されるおそれもある。たとえば、不十分な対応による人材や顧客の流出や、[原注4]不適切な決定による技術能力の低下[原注5]が考えられる。

また、目標のどれかが重要なトレードオフ関係にあることが十分に理解されない場合もあるかもしれない。たとえば、施設を集約してコストを削減することと、顧客サービスの水準を維持して収益を守ることとは、この関係にある。統合プロセス自体にも、価値の創造にさまざまな影響を与えるトレードオフが存在する。意思決定の速さと実行の速さの関係はその一例だが[原注6]、これらにもほとんど関心が向けられないかもしれない。同様に、シナジーの総価値を押し上げる思いがけないチャンスが見落とされたり、棚上げされたまま二度と顧みられなかったりするおそれもある。

統合の仕事には非常に時間がかかり、細かな作業は複雑をきわめる。そのため、価値を特定し実現することへの集中が途切れ、単にプロセスを完了させることだけが目的になる段階が訪れるのは、ほとんど避けられない。いつの間にか価値創造の目標が低くなるのだ。これは、プロセス管理の課題の真のスケールにだれもが気づき始めたときにとくに起こりやすい。

普通、統合チームは、統合プロセスの重い負担にあえぐようになる。そのため、統合が進行している間、価値に焦点を合わせ続けるのが非常に難しくなることがある。また、統合や同様のプロジェクトに携わった経験がない人に、これが口で言うほど単純でない理由を理解してもらうのが難しいこともある。「価値に焦点を合わせ続ける」のは、あまりにも当たり前の処方なので、それを実行する難しさが過小評価されやすいのだ。

この焦点への集中を維持するには、車の運転に例えれば、ダッシュボードのメーターに表示されるシナジーの総価値を見ているだけでは十分ではない。逆説的だが、集中を維持するには、視野を広く持つことが必要だ。マネジャーはシナジーの数値だけでなく、シナジーが特定され、達成されるプロセス全体に目を向けなければならない。

また、組織のなかの直接統合される部分だけでなく、顧客やそのほかの利害関係者まで含めた企業システム全体を視野に入れる必要もある。早い時期でのあらゆる価値創造の課題の総合的な理解は重要だが、だからと言ってシナジー目標の重要性が低下するわけではない。むしろ、シナジー目標を豊かな環境のなかに置くことで、より効果的なマネジメントが可能になるのだ。

このような幅広い独創的な視点で価値創造のチャンスをとらえる裏には、現実的なビジネス上の計算も働いている。通常の費用効率やクロスセリングによる利益よりもはるかに形が見えにくい価値は、「実現性」が高い。このような一見してわかりにくい価値は、売り手側も十分認識していない、あるいは認識していても自信を持っていないことがある。その場合は、買収交渉の段階で、高い買収価格を払わずに手に入れられる可能性が高まるのだ。

統合が組織の非生産的な慣行を「解凍」する力を持っているケースも多い。もっと独創的なレベルでは、現在検討している新しいサービス計画の触媒として合併を使うことに関して優れたアイデアが浮かぶもしれない。

一般的に言って統合マネジャーは、外部のどんな評者よりも合併がもたらす選択肢を評価する役割に適している。支払った金額以上の価値を創造できるかどうかは、シナジーによる利益がはっきりと定義できる領域に限らず、二つの会社全体にわたってチャンスを発見できるかどうかで決まってくる。

価値にはさまざまな形があり、包括的かつ徹底的なマネジメントが必要であるという発見から、多くの効果が生まれている。価値を特定し、実現するという課題に対する理解がこのように成熟してきたことは、今日の統合プロジェクトの構造や役割、プロセスに反映されている。たとえば、ほとんどのプロジェクトでは、ブランディングや供給業者管理、研究開発といった長期的な価値創造に不可欠な機能を担う部門の人が、統合チームにメンバーとして参加する事例が以前より増えている。また、収益担当チームが結成されて、すぐに追求できるチャンスと、統合が完了するまで棚上げしてもよいチャンスを判定し、記録する任に当たっていることも多い。

◉第2の教訓：人の問題に体系的に取り組む

統合を初めて経験する人は、価値に焦点を当て続ける難しさに驚くかもしれないが、ほとんどの場合、人の問題をおろそかにすれば統合がどんな混乱に陥るかは認識されている。大きな組織に、ある程度の期間、身を置いていれば、業績はマネジャーや従業員から完全なコミットメントと能力をどれだけ引き出せるかに大きく左右される例を観察する機会は豊富にある。

大規模な合併が二つの会社に与える衝撃を考えても、人に関して相当の問題が起きるのは明白である。そのうえ、ビジネス報道は、トラブルに見舞われた合併を扱うとき、ときにはシナジー予測が非現実的であったことなどの平凡な問題を無視してまで、ドラマチックに人の問題を強調して描こうとする。[原注7]

統合プロジェクトが複雑であるため、統合マネジャーのなかには統合の課題をエンジニアリング問題の一種ととらえようとする人がいる。その結果、人の問題が統合という「機械」には重要でないとして無視されれば、重大な結果を招きかねない。

しかし、システムの観点から問題に取り組もうとするエンジニアの思考態度は、人をそのシステムに欠かせない重要な部分と位置づけるなら役に立つかもしれない。この第二の教訓のカギは、人の問題には体系的に取り組めるし、またそうしなければならないと認識することだ。マネジャーは、長年の間に、予測可能な人の問題に不意を突かれる必要はないことを学んできた。たとえば、今日では、有能な統合マネジャーの間では、発表の時点であらゆる利害関係者に集中的なコミュニケーションを行えるよう準備することは当たり前になっている。

おそらく人の問題で最もドラマチックなのは、トップチームのなかで合併会社の将来について著しく異なる見解を持つメンバー同士の対立だろう。しかし、それ以外でも組織のトップから最前線までのあらゆるレベルはもちろん、会社の外側でも問題が発生する可能性がある。

よく問題が起きるグループは、従業員、金融アナリスト、顧客だが、ビジネスパートナーに最も深刻な問題が生じるケースも考えられる。このグループは合併を機に合併会社との関係を見直そうとすることがあるからだ。たとえば、メーカーが合併する場合、合併会社の全小売製品ラインの取り扱いを渋る販売業者があるかもしれない。社外の人の問題も、社内の問題と同様に、体系的に取り組む必要がある。

統合における人の問題で最も規模が大きいものは、二組の人々の間に起こる問題、つまり二つの会社の文化の違いである。この問題が起きやすいのは、大きな会社が自分の会社にはない文化的特徴、たとえば、企業家精神や技術面での革新性を獲得するのを主な目標として、規模の小さい会社を買収するときだ。買収された小さな会社が新しい親会社の影響を受けすぎないように保護する方法については、近年、多くのことがわかってきた。それにもかかわらず、この課題に対する対策をほとんど講じない会社は驚くほど多い。

一方、対等合併の成功を左右する最も重要な人の問題は、両社の人材、プロセス、システムなどの公正なバランスを取ることだと言えるだろう。ただし、「公正」は、「どちらにも偏らない」とも「実力主義」とも解釈される可能性がある。

統合に伴う変化が、少なくとも一部の人々にとってネガティブな経験になるのは避けられない。したがって、たとえ職を失う人がいない場合でも、人の問題への取り組みに難しい点があるのは当然だ。そのうえ、そういう人たちは、同僚や報道といった非公式の情報源からさまざまな合併の解釈を聞くこともあり、彼らが統合にどう反応するかを完全には予測できない。したがって、人の問題に対して体系的に取り組んでも、満足すべき結果が得られるとは限らない。

しかし、それらにうまく対処できる確率が上がるのは確実である。[原注8]

優れた統合マネジャーは、この基本的な教訓をさらによく理解するために、不断の努力をしている。人の問題で真っ先に取り組まなければならないのは、マネジャーや従業員に関するものであるが、優れた統合マネジャーは、これらの教訓をはるかに広い範囲に適用している。

今日では、二つの組織の統合に取り組むのと同じくらい体系的に、合併会社の顧客経験のマネジメントに取り組んでいる会社がある。しかし、ビジネスパートナーやコミュニティ、規制当局などの利害関係者グループにも同じような高度なアプローチを取っている会社は、あまりない。

◉第3の教訓：統合ごとに流動的に調整する

最初の二つの教訓の組み合わせから第三の教訓が生まれる。調整が必要である最大の理由は、合併はケースごとに固有の方法で価値が創造され、そして保護され、重要な人の問題も独特であるように、非常に多彩だからである。

合併の根底にある価値創造の論理は、それぞれ大きく異なっている。最も広い意味での「シナジー」という用語がカバーするのは、活動の集約によるコスト節減、両社の補完的な商品やサービスラインの統合による顧客への提供物の強化、ビジネスと技術のスキルの獲得、パートナーの市場アクセス、顧客ベースやブランドのてこ入れ、被買収会社の企業家的エネルギーによる大きな買収側会社の活性化などの多様な利益である。合併は、どちらの前身会社のレベルをも超えるほど業績を変化させるための強制的な手段とさえ言えるかもしれない。

同様に、この組み合わせは合併会社の内側と外側両方で、数ある人の問題のどれを引き起こしてもおかしくない。遭遇する人の問題のなかで最も重要なものには、価値創造の論理が強く反映されているのが普通である。

たとえば、ブランド力と顧客関係を求めて小さな会社を買収する場合、両方を保護する手段を講じなければならない。同時に、その市場競争力に重要な貢献をした被買収会社のマネジャーや従業員に対しても、効果的な対応をしなければならない。

研究者やコンサルタントは非常に早い段階から、合併の分類法を考案してきた。戸惑うほど多様な合併を、ある程度マネジメント法が予測できる一握りの標準的なタイプに分類したのだ。分類は主として価値の論理と、それに関係する人の問題に基づいている。

たとえば、整理統合によるコスト削減が主たる目標である場合、ロールアップ統合が推奨される。その人事プロセスは当然大規模な人員整理に対処するようにデザインされる。優れた才能を持った人々のモチベーションと独創的な精神の保護が重要である場合には、統合の程度だけでなく情報の流れの程度まで制限する「独立型」アプローチが好ましいだろう。

二つのテクノロジー企業が研究開発プログラムを補完し合う合併の場合は、また異なるアプローチが必要になる。その場合の成功は、基本的には、知識とプロセスを共有して新しいアイ

デアを共同で発展させる能力にかかってくる。[原注9]

あるタイプの買収だけを繰り返し、したがって同じ統合アプローチを何度も繰り返して用いる会社もあるが、これには危険がある。同じような（普通は小規模の）買収を繰り返すうちに、価値創造と人の問題に取り組む方法を高度に洗練させた結果、新しいケースが前の事例と決定的に違っているところを見落とすのだ。そして、「価値」「人」「調整」の知恵がお決まりの統合アプローチとして硬化してしまう。「稼ぐのはここ。いつも起こる人の問題はこれ。そして、うちの会社でいつも成功する統合の公式はこれだ」というふうに。

極端な場合、最初の統合で成功したので、その後のどんな統合でも成功すると暗黙のうちに思い込むマネジャーもいる。「一度調整したら、永遠に繰り返せ」。この公式は遅かれ早かれ、好ましくない驚きをもたらす可能性が大きい。

しかし、いくつもの統合を繰り返すたびに統合のアプローチを洗練させてきた会社でも、この問題に見舞われるおそれがある。経験豊富な買収会社がときどき統合で手ひどくつまずく最大の理由は、おそらく、高度に練り上げられたルーティンに自信を持ちすぎることだろう。その結果、現在行っている統合のどこに、これまでの統合と決定的に違う点があるのか気づけなくなるのだ。[原注10]

統合に関して難しい決定をするときは、ほとんどの場合、価値と人の問題との関係をめぐって何らかの調整を行う必要がある。たとえば、大きな「解凍」のチャンスがあっても、何人かの重要人物が執拗な抵抗を示すかもしれない。それと対決する意志がなければ、実現は不可能だろう。二つの会社の研究開発機能を合体させた新しいアプローチが生産性に及ぼす影響は、微妙な人的要因に左右されることがある。統合を無理なく進められるペースは、マネジャーと従業員が合併の価値目標を学び適用する能力によって決まる。

残念なことに、価値への集中と人の問題を緊密に結びつけるのは、役割の専門化を促してきた統合実務の流れに逆行する。ほとんどの統合チームでは、シナジーの数値に関心があるメンバーと、従業員や顧客その他の利害関係者の問題に関心があるメンバーは、容易に区別できる。このような二派に分かれたのは、それぞれに求められる考え方やスキルが著しく異なっているからだ。この展開はおおむね歓迎すべきことだ。統合チームはこうした専門化が進んだおかげで仕事を円滑に進められるようになった。しかし、それがかえって統合チームが自らの仕事を統合する必要性も高めることになった。

さらに、ほとんどの場合、調整は統合の期間をとおして継続しなければならない課題である。合併の完了前に詳細な計画を立てるのは不可欠だが、統合の途上でも流動的に調整しなければならない驚きに遭うことがある。

たとえば、被買収会社の独立性を維持したい場合、最初に出発したときのメカニズムそのものの見直しを余儀なくされるかもしれない。合併会社の人事プロセスが煩わしすぎる一方で、二つの会社の研究開発グループの交流が少なすぎるケースもあろう。また、計画段階では調整する必要性がまったく見落とされている可能性もある。さらには、ビジネスパートナーから合併について予想もしなかった具体的な懸念を聞かされるかもしれない。

統合を語る言葉をマスターする

以上は統合チームに向けて本を書いたと想定した内容の要旨である。長さでは本書の五％ほどにしかならないが、本書のほかの部分で論じたポイントの多くに言及しており、膨らませてそれらをすべてカバーすることもできるだろう。

会社の健康、あるいはリーダーシップの五つの課題について直接言及する必要はない。本章以外の章で論じられたアイデアのどれかを採用したいと思う場合でも、それらは単純明快な「価値」「人」「調整」を語る言葉で表現できるのだ。

会社のだれもが使えるような、統合を表現するための言葉を考案するのは、リーダーシップの最も重要な役割だ。リーダーが実際に使って成功を収めている言葉には、驚くほど幅広いスタイルがある。

本書のさまざまな部分で紹介したバラエティーに富むリーダーたちの声がその好例である。

その言葉は皆生き生きとしていて、聞く人に訴えるものがある点は共通しているが、同時に個々のリーダーの個性と熱意も反映されている。

リーダーのスタイルは独自のものでなければならない。ここで提案するのは、あくまで本書の内容を個別の合併のなかで各自の統合チームの役に立つような形に翻訳する手段である。

それには数多くの方法がある。われわれが推奨するのは、統合チームに重要な関係がある価値と人と調整の教訓に基づいた三つのテクニックである。

❶ 3つの教訓について質問し関心を育てる

大まかに言えば、①あらゆる合併の目的は、価値の創造または保護であり、②さまざまな種類の人の問題が、その目的に難しい制約を与えている。そして、③価値目標と人の問題を調和させる手段が、調整である。「価値」と「人」と「調整」のこの力学はシンプルだが、統合チームが遭遇するあらゆる難しい課題の探求に応用できる。

「いま議論していることのなかでは、どういう価値がどういう危機にさらされているか」「ここでの人の問題は何か」「人の問題に対処しながら価値を実現、または保護するには、どのようにアプローチを調整すべきか」

最初の問いは、統合チームがプロセスの煩雑さばかりに気を取られるのを防ぐのに役立つ。

二番目の問いは、人の問題で不意を突かれるリスクを低下させる。たとえば、予想しなかったところから、統合に関する決定に抵抗されるといった事態を未然に防げる。第三の問いは、経験に基づきながらも独創的な解決法を生み出す力を養う。

たとえば、第4章の冒頭でスティーブ・ベームは、アメリカのリテール銀行業界で「ビッグバン」型の統合モデルが衰退してきたことについて意見を述べているが、これについて考えてみよう。

プロセスとシステムの統合を急速に同時に行う方法が価値創造に貢献するという考え方は、長い間当然と考えられてきた。顧客が不満を感じることの影響はあまり問題視されず、これを価値に対する重大な脅威ではなく、一時的な人の問題だととらえていた銀行もあったようだ。しかし銀行は、この人の問題が価値に与える影響の大きさにようやく気づいた。そのとき初めて、自行の条件に即した統合アプローチの考案に本気で取りかかった。いくらかペースが落ち、プロセスの複雑さが増すとしても、高い顧客満足度を優先するようになったのだ。

実地では、質問の順序が変わることもあるだろう。たとえば、まず人の問題を特定し、その後でそれが価値にどういう影響を与えるかを探ることもある。ここで重要なのは、必ず価値と人の問題の相互関係を深く分析することだ。会社の健康という比喩をとくに使わなくても、これが、統合が会社の健康に及ぼす影響を診断する手段になるのは当然である。

❷「健康目標」を1つか数個に具体化し伝達する

統合チームとともに半日を使って、合併の健康を少しでも増したり損なったりするケースを考えつく限り挙げていけば、アイデアが底を突く前にフリップチャート用紙がなくなってしまうだろう。これはリスクマネジメントでもおなじみの診断法だ。リストアップされるリスクが多すぎて、マネジャーはマネジメントどころかリスクのすべてを理解することもできない。

しかし、統合の間、価値と人の問題の相互関係でとくに重要なものは、一つか数個に限られるのが普通だ。

たとえば、アムジェンのケビン・シェアラーが気づいたのは、企業のアイデンティティの喪失というトラウマは、イミュネックス出身のマネジャーのモチベーションに悪影響を与えるおそれがあることだった。アルキャンのリチャード・B・エバンスは、トップチームレベルでの役割と方向づけが明確になっていないと、次々に不適切な妥協が行われるおそれがあることに気づいた。この二人のリーダーは、過去の統合でうまくいかなかった点を手がかりにして、その再発を防ぐための「健康目標」を考え出し、成功した。

健康目標が見つかれば、健康な合併を実現する可能性は跳ね上がる。われわれはこの例を数多く見てきた。スカイシェフのマイケル・ケイは、ケイターエアのマネジャーも変革の課題に応えなければならないと主張すると同時に、コーチングによって支援し、公正な雇用を約束してバランスを取っていた。UBSのピーター・ウフリは、合併相手それぞれならではのユニークな貢献を失わないようにすることが重要であると強調している。

アローエレクトロニクスのスティーブ・カウフマンは、アンセムエレクトロニクスのマネジャーに「独立性を保つのはいいことだ」の一言を言うために各地を回った。

スリーコムのエリック・ベナムーは、ことあるごとに人材の保持と顧客関係の維持にきわめて需要な「小さな問題」に関心を向けるべきだと指摘している。

サンコープ・メトウェーのスティーブ・ジョーンズは、買収をずっと続いてきた変革プログラムの新しい一章ととらえるよう統合チームに訴えた。

現実には、完全に健康な合併とはどういうものかを定義するのは不可能だ。関係のある要因を数え上げていけば限りがない。だが、どうすればある合併を健康なものにできるかを、一つか二つの文で定義することはできる。健康目標は幻想のような理想的な標準ではなく、単に問題がないという状態と非常によい状態の違いに目を向けることなのだ。

統合の間には、リーダーが介入することが何度もあるだろう。それによって何が本当に重要なのかが混乱する可能性がある。

リーダーが一つか、せいぜい数個の健康目標を簡潔な言葉で語り、個々の決定や行動がそれにどう関係するかを繰り返し示せば、統合チームはリーダーが優先していることをすぐに理解し、それに従うだろう。

❸会社の物語に3つの教訓を組み込む

会社の物語がまず目指すのは、人の心に訴えかけることである。ここで言う人とは、何らかの形で会社が関係を結ばなければならない利害関係者だ。さらに詳しく見れば、会社の物語には基本的な教訓をより大きな物語のなかに置くという重要な役割があることがわかるだろう。

会社の物語は、会社がどのようにして他者のために価値を創造しようとしているのかを表明したものである。それぞれの利害関係者グループの「なぜわれわれはこの会社にかかわっているのか」という問いに答えるものなのだ。彼らは明らかな理由があればこそ、その会社のために働いたり、その会社から買ったり、その会社とパートナーを組んだり、その会社に投資したりするのだ。会社は彼らに価値を提供しなければ、経済実体として価値を創造しているとは言えない。彼らを含まない物語は、会社の物語とは言えない。

だからこそ、統合を進める間に統合チームとともに行う会社の物語の探求が大いに役立つ。価値と人の問題の多様な相互関係を、明白ではないものも含めて、発見できるようになるからだ。利害関係者の目に映っているさまざまな形の価値について考えることが重要だ。

たとえば、会社の物語のなかでのM&Aを考えてみよう。これまでに遭遇したM&Aの課題は会社の物語の形成にどういう役割を果たしてきただろうか。アロー・エレクトロニクスのスティーブ・カウフマンは、同社の統合アプローチは、買収した会社それぞれが持っているさまざまな利害関係者との関係を確保する必要があったことに強く影響されたという。

「われわれが買っているのは、顧客や供給業者との関係です。買収の方程式の人の側が非常に大事なのはそのためです。われわれは人間優先の姿勢を取らなければならないと決意していました。相手側の資産だけが目的なら、果たしてあそこまでする必要があったかどうかわかりません。だから、アローの統合アプローチは、アローが置かれていた状況に合わせて調整したものだと言えます。鉄鋼メーカーを買収するのなら、違った答えを出していたかもしれません。その場合、欲しいのは製鉄所だけですからね」

長年の間には、業界も、ある会社についての物語をつくり上げる。これは会社が直接業界の人々に物語を伝える努力をするしないに関係がない。会社の物語は、会社の行動のパターンに自然と現れるものなのだ。

アローが実利的な選択として、統合が被買収会社のマネジャーにとってよい結果となるように力を注いだのは、非常に貴重な無形の財産になった。よい買収者という評価が確立したのだ。これはきわめて具体的な利益になって返ってきている。カウフマンが指摘するとおり、アローの物語が広く知られるようになったことで、買収契約をまとめたり、統合の間その買収の価値を守るのに役立った。

「どこかに買ってもらわなくてはならないのなら、アローに買ってほしいと言われるのです。ターゲット会社のCEOが社員のことを考えるなら、これは重要です。また、発表の日に買収者がアローだとわかると、社員の反応がはるかにいいのです。だから従業員の流出が少なく、より大きなセールスのシナジーが実現できるのです。われわれがどんな質問にも率直に答えること、また被買収会社出身者に対しても、あらゆる雇用機会が公平に与えられることを、業界のだれもが知っています」

会社の物語が、ターゲットになるかもしれない会社のマネジャーにとって魅力的であれば、健康な合併が実現できる確率は跳ね上がる。また、人への対処の仕方だけが重要なのではない。たとえば、会社の物語に描き出された将来の質も重要である。UBSのケースで見たように、合併を健康なものにできる会社の物語には、強い訴求力のある戦略も欠かせない要素である。したがって、合併をとおして見たとき、ほかの人はこの会社の物語の何に引かれるのかを徹底的に質問してみることも役に立つだろう。

会社の物語にとってはもちろん、M&Aはほんの一部分でしかない。たとえば、会社の業務に必要なある能力が統合の間に重要な役割を果たすかもしれない。統合によって予想もしなかった機会が生まれるかもしれないのだ。

二〇〇一年にアムジェンがイミュネックスを買収したケースは、この点で興味深い例である。交渉が進んでいたころ、イミュネックスはエンブレルという関節炎の薬を製造する予定のロードアイランドの新工場で試験生産を始めたばかりだった。この薬は、イミュネックスの将来に非常に重要な意味を持っていた。主要なライバルのジョンソン・エンド・ジョンソンとアボットラボラトリーズの薬に対抗するものであり、それ以外のライバルになりそうな他社も試験段階に入っていた。

ところがほどなく、イミュネックスの製造技術ではアメリカ食品医薬品局（FDA）から新工場の承認を得るのに十分ではないことが明らかになった。アムジェンのCEO、ケビン・シエアラーは語る。

「われわれにも、患者さんたちにも幸運だったのは、それはまさにアムジェンが得意とするところだったことです。われわれは非常に優秀な製造技術を持っています。そこで私は、経営委員会のマネジャーの一人をその役職からはずしてこう言いました。『ファブリツィオ。君に一つ仕事を与えよう。あの工場を軌道に乗せ、製造許可を取るんだ』。そしてわれわれは、それを合併が完了する前にやり遂げました」

予想より数カ月早い二〇〇〇年一二月、工場はFDAから承認を得た。二〇〇三年二月中旬には、エンブレルを予約していたすべての患者が治療を受けていた。

あるレベルでは、これは典型的なスキルのシナジーである。アムジェン側には豊かな製造技術があり、イミュネックス側にはそれを応用して利益を上げられる状況があった。しかし、このスキルのシナジーの実現が、そもそも合併を行う理由だったわけではなく、デューディリジェンスの過程でもロードアイランドの工場の問題は全容が明らかになっていなかった。

だが、アムジェンの物語では、高度な製造技術の開発が重要なテーマの一つであることを考えれば、「この潜在能力を生かして合併会社のために価値を創造する方法はないものだろうか」という問いが生まれるのは当然の成り行きだった。このケースでは、緊急に彼らの能力を必要としている大きな価値創造のチャンスがそこにあるとわかったのだ。

では、相手の会社の物語についてはどうだろうか。合併にどんな価値をもたらすだろうか。二つの物語の融合から最も価値のある結果を引き出すにはどうすればよいだろうか。

これには、想像力を働かせて統合された会社の物語を組み立て直す必要があるかもしれない。たとえば、非常に異なる二つの会社が一つになって将来が不確定なとき、「われわれ」対「彼ら」という緊張関係を克服する方法があるだろうか。

フランステレコムが二〇〇〇年にオレンジを買収したとき、当時オレンジのCEOを務めていたジャン・フランソワ・ポンタルは、フランステレコムのマネジャーのなかにはビジネス報道で買収が「逆買収」と呼ばれることに憤慨している人がいると気づいた。ポンタルは肯定的な比喩を用いてこれを抑え、両社が一緒になって何を達成できるかを強調するようにした。

「われわれはオレンジのブランドを高いお金を払って買ったんだ。今度はそれから価値を得られるようにブランドを解放する必要がある」

これでフランステレコムのマネジャーは、乗っ取られた会社のマネジャーではなくなった。彼らはオレンジ側のマネジャーが単体ではとても達成できないような成果を挙げられるようにした解放者になったのだ。

これは巧みなレトリックによる単なるすり替えではなく、買収の根底にある価値の論理を反映していた。ポンタルは、フランステレコムのマネジャーは直ちに大きなチャンスがあることを見て取ったという。

「古いフランステレコムの携帯電話事業部門はたちまち、私の指示を待つまでもなく、各国でオレンジのブランドを採用し始めました。われ先にブランド力を利用しようとしたんです」

ここでのカギは、会社の物語の将来に照準を合わせたことにある。合併が両社のマネジャーに約束している内容が、彼らにははっきりと見えなければならなかった。また、統合を「解放」ととらえたことは、ポンタル自身と彼のチームが価値創造の機会を探すのに役立った。

本章で先に触れたスカイシェフのケースも、この例の一つである。たしかに、買収者の変革のエネルギーは物語の貴重な一部であり、だれも見落としようがない。しかし、スカイシェフの変革の一要素である高い業績基準も、少しわかりにくいが重要な役割を果たしていた。スカイシェフ側のマネジャーのなかには重要な役職を失った人もいたが、ケイはその基準のおかげでマネジャーたちにその人事の正当性を訴えることができたのだ。

圧倒的に優勢な買収側の会社が、能力主義を厳密に適用するのは決して簡単なことではない。マネジャーたちは自分たちのほうが有利だと思っているからだ。この期待に対抗するには、組織の規範がしっかりと確立していることが役に立つ。ここでは会社の物語によって、価値創造に効果があると立証されている方法を、合併という新しい課題に適用できる背景が用意されたのである。

以上に挙げたすべての例に、価値と人の問題の関係に基づいて統合の仕方に何らかの調整を加えることが含まれている。たとえばカウフマンは、アローが業界で得た高評価から生まれたチャンスを利用して、人材維持率を向上させた。

これらの例は、リーダーがチームと共有する価値のある単純明快なアイデアも示している。それは、自分たちが何者であるかを知ることによって、合併をどう進めればよいかがかなりよくわかるということだ。さらに、さまざまな利害関係者の視点を取り入れれば、自分たちの真の姿をさらによく理解できる。このことから、会社の物語は企業の自己認識の一つの形であると言える。自己認識を物語の形で表現したものなのだ。

ここでも統合を語るためのストレートで力強い言葉から離れる必要はない。インタビューに答えてくれたリーダーたちは、「健康目標」という言葉を一度も使わなくても、その概念をさまざまに駆使していた。同様に、「会社の物語」とは一言も言わずに、これをうまく活用していた。われわれの言葉はウィトゲンシュタインのはしごのようなものだ。

つまり、のぼってしまった後は、捨ててしまっても大丈夫なのだ。

第7章

Assuming Personal Leadership

リーダーシップに個人的な責任を持つ

理解よりも決意を

本書はリーダーの認識に関する課題を圧倒的に強調している。しかし逆説的であるが、上級マネジャーは合併後の会社の健康に関する微妙な問題を議論するより、自ら変わるほうが難しいと思い込んでいることが多いようだ。

これは苦しい経験かもしれないが、リーダーたちが統合を振り返るとき、めったにそれは強調されない。不思議にも、上級マネジャーが回想する合併の物語は、客観的で冷たいと言ってもいいような調子であることが多い。他の人たちの感情が鮮やかに描写されたとしても、マネジャー自身の感情は語られない。

本書のためのインタビューのいくつかは統合の初期段階に行ったものだ。そのため、リーダーが実際に経験することをよくとらえている。

たとえば、グループ4セキュリコーのラース・ノービー・ヨハンセンCEOに話を聞いたのは、同社の統合がまさに始まろうとしていたころだった。彼はリーダーとしての課題のきわめて個人的な側面を生き生きと語ってくれた。

「私自身が行動によって統合のプロセスを象徴することが重要だと思います。合併する二つの組織の一つでの私の過去を否定するのではありませんが、私はもうその組織の代表ではないんです。ご存じだと思いますが、私は統合プロセスが始まったら早い時期に、以前の私の会社側の人の期待に背くことをしなければなりません。彼らは当然私を味方だと思っています。でも、もう、そうではないんです。私は新会社の人間なんです。

これは本当に難しい。前の会社の人は、これまで忠誠を尽くしてきたことを強調し、以前のような非公式のルートでコミュニケーションをしようとします。折れてしまわないよう、注意を怠らず、自分に厳しくしなければなりません。それに、一五年間かけて築いてきた自分の古いアイデンティティを手放すのはつらいことです。

非常に個人的なレベルの難しさなんです。私の古いアイデンティティは以前の会社の規範や価値観によってでき上がっていて、そのなかにいれば安心感がありました。いわば安全地帯です。ところがその外に出なければなりません。私には新会社での職権があり、統合の間も断固として権限を適用する必要があるのですが、ただ命令すればいいわけではありません。私自身の変化を皆に見せ、古い役割を乗り越えようとしている姿を示して、模範にならなければならないのです。

それは苦しいことです。そして、見ている人にもそれがつらい経験であり、リーダーである私もそのつらさを経験しているのがわかります。でもそれはいいことなんです。彼らも苦しんでいますから。職を失う人だけではありません。仕事が変わる人もそうです。考え方を少し変えるだけで済む人でも同じです。そういう人すべてに、私が安全地帯の外に出てリーダーの役割を果たそうとしていることをわかってもらえれば、新しい文化を持った新会社ができる可能性は高まると思います」

残念ながら、逆に安全地帯に引っ込んでしまう上級マネジャーもいる。統合の間はいままでのやり方を堅持することが効果的なリーダーシップの形だと、自分に言い訳をする人もいる。従業員や利害関係者は、リーダーの行動が変われば不安を覚えるだろうから、そうすることで安心させているのだと考えるのだ。

そこには口に出されなくても、安全地帯から外に出ればリーダーとしての行動に混乱が生じ、その結果効果が薄れるのではないかというおそれがあったりする。この理由づけは、せいぜい半分しか正しくない。混乱が生じるのはたぶんそのとおりだろう。しかし、効果が薄れることはない。リーダーが努力している姿を目の当たりにしたほうが、従業員自身も努力するようになる可能性ははるかに高い。

ここにリーダーシップの大きなパラドックスの一つがある。リーダーがやすやすと勝利した場合より、変わろうとして苦しんでいることが明らかであるほうが、はるかに大きな影響を与えられるかもしれないのだ。ヨハンセンの話はこのパラドックスをよくとらえている。

安全地帯のなかにいては、合併のリーダーの役割を果たせない。

安全地帯の限界を認識することは、当然リーダーシップにとって重要である。効果的にリーダーの役割を果たすには、一貫性のある多様な介入の方法が必要だが、どんなリーダーでもそのすべてを簡単に身につけられるわけではない。リーダーシップ訓練プログラムは、初心者向けのものをはじめ、あらゆるものがこれを主要なテーマとしているが、課題が完全に克服されることは決してない。

われわれの経験では、リーダーとしての資質を広く称賛され、また事実称賛に値するトップリーダーは、安全地帯の限界が課す制約を最も意識している人たちである。彼らはキャリアを積むなかで自分にとっての安全地帯を少しずつ確実に広げてきたが、得意とする領域のなかだけで戦おうとすると、リーダーが断固として介入する機会を排除することになるのを承知している。この問題は合併時にとくに顕著になる。なぜなら合併は、会社の健康に深い影響を与えるため、リーダーの介入を必要とすることが多いからだ。

本書は合併というきわめて特殊な状況におけるリーダーシップを扱っているため、一般的なリーダーシップの養成は対象の範囲ではない。また、安全地帯から踏み出すことと、安全地帯を広げることに挑戦するためには、書籍が最上の学習ツールであるとはとても言えない。この課題に取り組むには、実地訓練、同僚やコーチとのフィードバックセッション、実際にリーダーが出会う危険や不安、あいまいな状況などをシミュレートする最新の高度なトレーニングなどを利用するのが最もよい方法だろう。とはいえ、いくつかの実践的な提案がある。

本書では、リーダーの介入の多くの例を、リーダーシップの五つの課題に分類して提案した。読者は自分にとって最も難しい課題を特定できるはずだ。あるいは同僚に頼んで、あなたにとって何が難しいと思うかをランクづけしてもらうこともできる。その後、彼らとその理由をよく話し合うのだ。本書で議論したリーダーによる介入の例から、現在の自分の状況にとくに関係があるものを選んで、同様の演習を行ってもよいだろう。

二〇世紀初頭に近代的なマネジメントの研究が始まって以来、一般的なリーダーシップの枠組みが次々と提案されてきた。だが、だれもが最もよいと認めるものはない。[原注1] 自分自身と同僚が使い慣れているものを用いるのが賢明だろう。

ほとんどの大企業はリーダーシップの養成計画に好んで用いている枠組みがある。そこではリーダーシップがいくつかの活動に細分化されているかもしれない。たとえば部下の意欲を高めること、業務と財務の規範の実行、人的能力の開発、変革の機運を高めること、チームの管理、模範を示すことなどである。そのなかでどれが簡単で、どれが難しいだろうか。

規律の徹底を求める傾向が強い人は、シナジー予測の評価に時間を使いすぎ、悪化する顧客やビジネスパートナーとの関係への対処をおろそかにしてしまうかもしれない。人々の意欲を高めることや変革に弾みをつけることに優れている人は、熱心に社員の士気を鼓舞する一方で、トップチームを機能不全に陥れ、そういう努力の効果を台無しにしてしまうかもしれない。

ここで重要なのは、自分の安全地帯の限界をはっきりと理解して、合併のリーダーが果たすべき役割に取り組むことである。そうすれば、非常に重要な第二の段階に進むことができる。つまり、いくつかの方法で安全地帯から大きく踏み出す決意をし、その決意を遂行するためにチームや同僚の協力を求めるという段階である。

そのような決意には、何が含まれるだろうか。もちろん、その多くは統合の具体的な状況によって変わるが、ほぼすべての場合に欠かせないポイントがいくつかある。本書の議論に照らせば、この段階ですでにはっきりしているかもしれないが、決定的に重要な要素は、それらを把握するための理解ではなく、決意を守り抜く精神的な強さである。

われわれは次のような決意をすることを提案したい。

「私がこのことに責任を持つ」

第一級の統合マネジャーとチームがいれば、健康な合併を達成する責任を彼らに任せてしまいたいという誘惑は非常に強い。本書では、リーダーの時間とエネルギーをほかの課題に振り向けたほうがよいという、まことしやかな議論にいちいち反論する余裕はない。任せることは、統合チームのマネジャーのリーダーシップスキルを育てる絶好の機会かもしれない。そのため、上級マネジャーが身を引く格好の口実のように思われるかもしれない。しかし、上級マネジャーが統合プロセスに全面的にかかわったからといって、必ずしもほかの人の成長の機会を奪うわけではない。逆に、彼らの成長を助けるようなリーダーシップのスタイルを採用できるはずだ。要するに、責任はリーダーのものでもあり、彼らのものでもあるのだ。

「この統合では高い目標を掲げよう」

リーダーは合併の健康に対する責任があるため、当然さまざまなリスクに敏感になり、それらに対策を講じようとする。本書では、リーダーが適切にこれを行った数多くの例を紹介した。しかし、あらゆる統合は、戦略の欠陥や過大な買収額のために最初から失敗を運命づけられているのでない限り、会社をさらに健康にする機会を無数に提供してくれる。トップチームが何年も前から存在に気づいていたにもかかわらず、どういうわけか取り組もうとしなかった機会もあるかもしれない。隠れていたチャンスが、統合のプロセスで初めて浮上するかもしれない。こういうチャンスはたいてい、古い会社の習慣を捨てる勇気を必要とする。ここでは、そういう勇気を示さなければ成功はおぼつかない。

「この統合ではもう一度勉強しよう」

第5章では学習に焦点を合わせたが、学習の必要性は本書の全編をとおして底に流れている。社外から入って上級職につく人はだれでも、集中的に学ぶ必要性を認識している。小規模で同じような買収を繰り返しているケース以外は、統合のプロセスから真の新会社を誕生させられるし、またそうすべきだ。つまり、リーダーも双方の会社の同僚も、実質的には全員がこの新会社にアウトサイダーとして参加するのである。価値を付加する最上の方法の一つは、両社の人々の関心を、未知のものに向かわせ続けることである。リーダーは、企業の自己認識の必要性を適切に強調しながら、難しい学習課題を定義し推進することによって、統合の知的良心の役割を果たすべきである。また、リーダーは、統合での最高の聞き役になるべきである。「自分側」の人だけでなく会社の境界を越えて相手側の人々の声や、ほかの会社や顧客などの情報源の言葉に耳を傾けるのだ。

「この会社の代謝率を高めよう」

健康な合併を実現するには、猛烈型の経営チームでも苦痛に感じるほどペースを上げる必要がある。これは決定すべき事項の数と、送るべきシグナルの種類の多さによって決まる。また、慎重を要する領域で、もっとゆっくり動いたほうがよい妥当な理由がある統合についても同じことが言える。たとえば、買収した会社が完全に統合されないように保護することを計画している場合でも、残りの部分の統合もゆっくり進めるべきだということにはならない。一般的に言って、リーダーはコントロールしながらも緊急性を伝えなければならない。健康な合併で、真の切迫感が感じられないものには、まだ出会ったためしがない。

「絶対的な信頼性を築き上げよう」

リーダーの仕事は「金魚鉢」のなかにいるような面があるが、統合期間中はそれが通常より一段と顕著になる。リーダーの行動の一つひとつが、新会社へのビジョンと強く共鳴していなければならない。そのビジョンが広く知れわたれば、統合に勢いがつくばかりだ。強力な役割モデルになる最良の方法は、従業員やそのほかの人々が見ているときだけ如才なくポーズを取るのではなく、つねにスイッチを「オン」にしておくことである。正式に伝達する新会社の価値観や優先事項と、さまざまな場所での日々の行動の間に、わずかな差があってもならない。新会社の基盤となる信頼性は、リーダーが口に出して言うことだけでなく、リーダーの人となりや、行動によって左右されるのだ。

このような決意が「私」のものから、チーム全体の「私たち」のものになれば、当然、成功の可能性が高まる。何をおいても、このリーダーシップの決意を共有するようチームに働きかけよう。

ただし、任せてしまうという密かな誘惑は警戒しなければならない。チームの決意をもってしても、リーダー自身の決意の代わりにはなれない。

安全地帯や決意ばかりを強調していると、合併のリーダーシップは大変な試練のように聞こえる。たしかに骨の折れる経験になるかもしれない。しかし、多くの上級マネジャーにとって合併は、活気にあふれた見習いマネジャーだったころ以来の、個人として、プロフェッショナルとして成長する最高の機会の一つなのだ。

> リーダーが成長する機会として、合併がもたらす機会ほど苦労が多いものはない。しかし、それ以上に、これほど究極的に得るところが大きい機会もほとんどない。

会社の健康を増進するうえでのリスクとチャンスを診断する。新しいトップチームをつくり上げる。会社の物語を再生させ伝達する。新会社のパフォーマンス文化を確立する。新しい利害関係者との絆を結ぶ。統合に不可欠な学習に取り組み、統合後の学習課題を定義する。健康な合併を達成するための自分のアイデアを、統合の言葉に翻訳する。そして統合の極端な複雑さと圧倒的なペースに対処する。

これらの活動すべてが、あらゆるマネジャーの能力をさらに伸ばしてくれる。リーダーシップを育てる機会として、これ以上のものがあるだろうか。

統合が続く間、その恩恵を存分に享受しよう。

【訳注】

1） エンジン・機械などの周囲温度でのスタート、コンピュータの電源が入っていない状態からの起動

2） 合併が規制当局によって承認されるまで、合併する企業が情報を共有することは制限される。これらの企業から隔離された作業環境で情報を一方的に集め、分析・検討する第三者のチームをクリーン・チームと呼ぶ。承認が下りるまで結果を企業に開示することはできない

3） 既得権がある人は自らの不利益になるような決定はしないの意

4） 社外の顧客に製品やサービスなどの価値を提供する、事業の中核をなす一連の作業

5） 同業の企業を連続して買収し、事業規模の拡大と収益の改善を図る手法

6） 自社のビジネスプロセスの非効率な個所を改善するため、同じプロセスに関するベストプラクティスと比較分析を行ったうえで、自社に適した形で導入する一連の活動

6)　このトレードオフの好例については参考文献 3 を参照のこと。この 1989 年の合併で二人のＣＥＯは、タスクフォースが真の意味でボトムアップ的に統合計画をつくり出せるように、統合の意思決定プロセスを意図的に減速させた。それにかかった時間は、非常に複雑な合併であったにもかかわらずほとんど計画どおりに迅速に実行できたので、取り戻すことができた。

7)　学術的な文献も、もっと抑えた調子ではあるが、人の問題の重要性を強調している。たとえば、被買収会社の上級マネジャーを入れ替えると価値が破壊されるリスクが増大することは、かなりよく立証されている。これはコスト効率を主要な目標とした統合にも当てはまる（参考文献 7 参照）。

8)　合併における人に関する問題を扱った文献は多数あり、現在も増え続けている。参考文献 6 は、問題の枠組みを定めた初期の古典的な文献である。

9)　参考文献 14 は、早い時期に統合の分類を提案し、影響力があった。「吸収」「保存」「共生」の三つのタイプに統合アプローチを区別している。基準は、二つの会社の戦略面での相互依存関係の度合いと、被買収会社の価値創造能力を保護するために被買収会社に自律性を与えなければならない度合いである。これより新しい統合の分類法については、参考文献 5 を参照のこと。

10)　経験を積んだマネジャーにとって、自信過剰の危険性は自明であるが、このわなの驚くべき厳しさがあらためて浮き彫りになった。最近行われたある研究では、以前の買収の成果の評価が現在の買収の成功に関係するかどうかを調査した。その結果、マネジャーが過去の合併はうまくいったと考える程度と、現在進行中の合併が実際にうまくいく程度の間には、強い負の相関関係があることがわかった。さらに興味深いことに、この負の相関関係は経験を積めば積むほど強くなる。過去における多くの合併の体験は、統合能力の高さととらえられているが、その結果自信過剰になり、実際に経験から学んだ好ましい価値を上回る悪影響を現在の合併に及ぼすようだ（参考文献 29 参照）。

第 7 章 リーダーシップに個人的な責任を持つ

1)　これだけ数多くの一般的な枠組みが考案されているのに、学術研究者による合併に特化したリーダーシップについての著作が少ない現実には驚かされる。合併に特化したリーダーシップの一つの枠組みを概観したものとしては、参考文献 19 がある。この枠組みが基礎としているのは、参考文献 24 で述べられている一般的なリーダーシップの枠組みである。

にまったく影響しないこと、しかしM&Aツール（たとえば、統合マニュアル、意思決定サポートシステムなど）や体系的な事後分析手法の開発をとおして学習プロセスに投資すれば、大幅に成果が向上することが示された（参考文献28参照)。参考文献15も参考になる。

4) 合併成果の差異の10%以上は、買収後の学習がルーティンとして確立されていることで説明できた。買収したほうの会社にパフォーマンス文化があること、リスクと多様性に対する寛容性があることによって説明されるのは、それぞれ9%、6.5%であった。この三要素で差異の25%が説明されることになった。これはマネジメントの研究では異例とも言える強力な結果である。

5) 参考文献29を参照のこと。

第6章 統合を語る言葉をマスターする

1) 合併交渉の間にシナジー数値に関する根拠のない自信が生じることの危険について論じた書籍には、参考文献23がある。

2) 買収後のマネジメントに関する学術研究やマネジメント研究の出版物のほとんどで、この問題に焦点が当てられている。初期に著され影響力があったものとしては、参考文献14がある。

3) 企業の内部意思決定プロセスの扱い方から生じる、合併の成功を妨げるいくつかの障害について論じた参考文献17は、洞察に富んでいる。著者は、一番の問題は何を行うか――たとえば統合に関する決定の内容――ではなく、それをどのように行うかにあると主張している。

4) 参考文献4を参照のこと。

5) 研究によって、慎重に考量すべき微妙なトレードオフの存在が示されている。ハイテク新興企業の買収に関する最近の研究では、買収されたユニットの統合の度合いと、合併後最初の製品が発売される可能性とは負の相関関係にあることがわかった。しかし、統合の度合いが高いことは、その後に続く製品の発売の可能性と正の相関関係がある。言い換えれば、短期的には買収されたほうのテクノロジー企業の自律性を高く維持したほうがよいが、同じ決定によって、合併でできた会社が両社の補完し合うスキルを統合して長期的な革新を生み出す能力が微妙な形で損なわれるおそれがあることになる(参考文献20参照)。

3) GE キャピタルの統合アプローチについては、参考文献 2 に詳しい。

4) 合併後の新しいパフォーマンス文化の確立には、組織変革の一般的な原則を適用すべきである。統合という特殊な状況では通常の変革プログラムとは様相が異なり、将来について予想のつかない対話を数週間あるいは数カ月間にわたって続けることになるが、それでも同じである。マッキンゼーは、合併を含むあらゆる状況における変革を確かなものにするために、組み合わせて用いるべきリーダーシップの四つの主要な形を定義した「インフルエンス・モデル」を考案している。リーダーの四つの形とは、①理解させ納得させること（とくに、会社の物語の伝達をとおして)、②形式を備えたメカニズム（つまり、構造、プロセス、システム）によって強化すること、③能力とスキルを開発すること、そして④役割モデルとして行動すること、である。本書では①と④の介入の形に重点を置いており、各トピックにほぼ一章を充てている（①については第 2 章、④については第 1 章)。しかし、各章で示したように、②と③も重要である。マイケル・ケイがケイターエアのマネジャーに集中的なコーチングを行ったことと、リチャード・B・エバンスが、アルキャンによるアルグループ買収に際してマネジメントシステムを細かく定義したことは、その好例である。健康的な合併を取り上げて詳細にケース分析すれば、いずれもリーダーによる介入の四つの形がすべて効果を挙げていることがわかるだろう。それらが互いに効果を補強し合うようにするのはリーダーの責任である（参考文献 18 参照)。

第 4 章 外部の利害関係者の代弁者になる

1) 合併が完了するまで、プライシングや販売区域の割り当てについて議論することは、当然、法的に制限される。

第 5 章 統合の勢いと学習の両立を奨励する

1) 多彩な学習の事例を取り上げた参考文献 27 は非常に啓発的な読み物である。

2) 学術的文献では、統合のこの重要な特徴がほとんど無視されてきた。主要雑誌に初めて発表された実証的な証拠は、参考文献 16 である。この記事では、スピードと業績の相関関係は一定ではないこと、むしろ、二つの会社のさまざまな特徴が似ている度合いが業績に関連があることが示されている。

3) 業務プロセスや管理プロセスにおける学習曲線の重要性は十分に立証されている。しかし、一般的な合併による統合は何カ月も集中的な活動が続くにもかかわらず、必ずしも次の合併をうまく管理する能力が身につくとは限らないという意外な結果が出ている。この研究成果については、画期的な論文、参考文献 13 を参照のこと。もう一つの研究では、過去の買収の経験が合併の成果

されている。買収側のマネジャーは、被買収側のマネジャーは報酬（権力と金）にしか関心がないと誤って思い込むおそれがある。相手側が健康な合併の達成に強い関心を持っている点を見落とすと、せっかくの協力の機会が失われるかもしれない。参考文献 11 および 12 を参照のこと。

2) 国の文化と組織の文化それぞれの違いがパフォーマンスに与える影響について学術的研究が行われているが、結果はさまざまである。合併する会社の国の文化の違いがパフォーマンスを損なうことはなく、むしろ有利になることもある。ある興味深い研究では、アメリカの企業に買収された日本とフランスの企業（これらの国との「文化の違い」は大きい）は、イギリスやカナダの被買収企業よりもよい成果を挙げているという発見があった（参考文献 22 参照）。またマッキンゼーがアドバイザーを務めた世界中の 161 件の合併をわれわれが調査した結果においても、国内での合併と国際的な合併に業績の差は見られなかった。この結果も、国の文化の違いはおおむね対処しやすいことを裏づけている。

組織文化に関しても、文化的な距離が実際に合併の業績を損なっているかという重要な問題に対する明確な答えは出ていない。しかし、いくつかの研究ではたしかにマイナスの影響があるという結果が出ている（参考文献 8 および 9 参照）。しかし、これ以外にはマイナスの影響があることを示した研究はない。この点に関する最新の文献も、まだ大きなパラドックスとして扱っている。合併プロセスにおける文化のマネジメントに関連した幅広いテーマを取り上げた最新の著作では、参考文献 26 の第 18 章が研究テーマをよく整理している。研究がこの段階にとどまっている理由の一つは、研究者が一歩進んで、文化的距離を原因とする問題はどのような状況で起きるのかを問い、そうすることによってそれらの問題を、文化の統合プロセスのマネジメントが不適切なことに起因する問題と区別するまでに至っていないことである。もう一つの理由は、二つの組織の具体的な文化的特徴が及ぼす影響についての評価もまだ行われていないため、こうした文化の距離のマネジメントにほかの組織より適した特性が備わっている組織があるのかどうか、もしあるのなら、それを可能にしている特性は何かが明らかになっていないことである。

161 件の合併を調査したわれわれの結果からは、二つの組織の文化的距離は業績の高低にほとんど影響を及ぼしていないように思われる。これは学術的な文献が示唆していることとも一致する。したがって、文化の差異は内容に関する決定（どういうときに文化の差異を埋めるべきか）と、プロセスに関する決定（どういうふうに埋めるべきか）を適切に組み合わせることによって対処することができる。データからわかった最も驚くべき事実は、合併の業績を最もよく説明する文化的な要因は、二つの会社の文化の差ではなく、会社自体の特徴であることだった。買収の場合、買収側の文化的特性が被買収側の特性よりもはるかに重要な影響を与えていた。最も影響の大きい特性は、買収側の業績に対する考え方、リスク許容度、それに多様性に対する許容度だった。これらの三つの特性は、合併の業績との間に強い相関関係を示していた。

社が誕生した。その結果生まれた信頼と相互尊重の雰囲気のおかげで、新会社を設計するという非常に大きな仕事をミドルマネジャーのチームに任せることができたのである。参考文献 3 を参照のこと。

4) マッキンゼーがアドバイザーを務めた 161 件の合併を調査した結果、トップチームの選定のタイミングから、合併後の会社の長期的な業績が非常によく予想できることがわかった。一般的には、決定プロセスの開始と終了が早いほど、よい業績を挙げている。重要なのは、このプロセスを早く終えると業績に影響を与えるが、実際にこのプロセスにかかった時間の長さは関係がなかったことである。

第 2 章 会社の物語を伝える

1) 統合におけるコミュニケーションの問題を解決する「特効薬」は、コミュニケーションの頻度を上げることだと盛んに言われている。しかし、マッキンゼーが合併後のマネジメントをアドバイスした合併事例を、われわれが分析した結果、コミュニケーションの頻度を上げても、特定の状況における特定の利害関係者にしか効果を発揮しないことがわかった。たとえば、従業員に対する頻繁なコミュニケーションは重要だが、実施の仕方のほうがずっと大切である。可能な限り個別に対応し、情報が双方向に流れるように行うべきなのだ。合併では、相手の話に耳を傾けることが話すのと同じくらい重要となる。社外の聴衆で頻繁に接触することが重要な成功要因だと示されたグループは顧客だけであり、それ以外の利害関係者への影響はなかったというデータもある。サプライチェーン上のパートナーや金融市場に対しては、コミュニケーションへの投資を増やしても最大限の効果が得られなくなる限界収穫逓減ポイントが早期に訪れるケースがほとんどだ。このように、コミュニケーションの方法は利害関係グループごとに調整しなければならない。会社の物語をつくり上げ、その伝達をとくに重視して、非常に複雑な対等合併を乗り切った好例については、参考文献 3 を参照のこと。統合後の企業のコミュニケーション効果を理解するための学術的研究としては、参考文献 21 がある。また、参考文献 10 は、最近のM＆Aのコミュニケーションに関する文献を広く取り上げ論評している。

2) 「バックストーリー」という用語は、映画の脚本用語から借用している。スクリーン上で直接語られることがなくても、登場人物の考え方や行動に重要な影響を与えている過去の出来事を指す。

第 3 章 新しいパフォーマンス文化を確立する

1) 合併相手について学ぶと、思いがけない重要な発見が多い。近年の研究では、被買収企業のマネジャーは、新会社での役割に強い関心を持っていることが示

【原注】

序章 とらえにくい合併の健康状態をつかむ

1) 過去40年にわたって積み上げられてきた学術研究も、「異常リターン」(この場合は、買収を行った会社が競合他社よりも大きなリターンを得ること)が現れる頻度は平均してゼロであることを裏づけている。したがって、買収を行った企業が創造する価値が、ライバル企業の価値を上回る可能性と下回る可能性は、ほぼ同じであると言える。

2) 合併に関する研究の大半は、合併の成果を測定する方法を中心的な問題としてきた。その後、合併の成果はシナジーの概念と結びつけて論じられるようになり、シナジーの実現は何を尺度に測るのが最適か、という議論が盛んになった。それに対する答えとして、会計指標、たとえばROA(総資産利益率)やキャッシュフローの変動、短期または長期(合併発表後3日前後と3～5年後)の株収益、シナジーの目標達成度のアセスメントなどが提案されている。しかしこれらの指標は、合併のプロセスが合併会社の競合他社に対する優位性を高めていくか破壊していくかという点に関しては、微妙だが重大な効果を及ぼすにもかかわらず、いずれも十分に反映していない。重要な外部の利害関係者(顧客、供給業者、ビジネスパートナー、コミュニティ)との関係の質の変化が注目され、体系的に追跡調査される可能性はさらに少ない。

第1章 トップに新会社を創造する

1) 「クリーン・チーム」のメンバーは、厳しい秘密保持契約の下で、合併する会社の従業員が合併の完了前に接することが法律で禁じられている情報に無制限にアクセスできる。参考文献1を参照のこと。

2) 被買収会社のトップ・マネジメント・チームを大幅に入れ替えるのは、当然大きな危険を伴う。アメリカの銀行の合併に関する最近の研究では、テリトリーが地理的に重複する部分が大きくても(したがって、かなりのコスト効率が見込めても)、こうした動きは一般的に価値を破壊することが示されている。参考文献28を参照のこと。

3) 1989年のスミスクライン・ビーチャムの合併で用いられた、ボトムアップ式の統合計画プロセスの成功はよく知られているが、この点と矛盾するように見える。しかし、実際はこれを裏づけている。合併パートナーの2人のCEO、ロバート・バウマンとゲリー・ウェントは、早い時期にトップチームがビジョンを深く共有し、強い一体感を持つよう努めた。こうしてたちまちトップに新会

22) Seth, Anju, Kean P. Song and R. Richardson Pettit (2002) 'Value creation and destruction in cross-border acquisitions: An empirical analysis', *Strategic Management Journal*, vol. 23, issue 10: 921-40.

23) Sirower, Mark L. (1997) *Synergy Trap: How Companies Lose the Acquisition Game* (New York: The Free Press). (マーク・L・シロワー著『シナジー・トラップ——なぜM&Aゲームに勝てないのか』プレンティスホール出版、1998年)

24) Sitkin, Sim B., E. Allan Lind and Christopher P. Long (2001) *The Pyramidal Model of Leadership* (Durham, NC: Duke University Press).

25) Stahl, Günter K. and Mark E. Mendenhall (eds) (1989) *Mergers and Acquisitions: Managing Culture and Human Resources* (Stanford: Stanford Business Books).

26) Stahl, Günter K., Mark E. Mendenhall and Yaakov Weber (1989) 'Research on sociocultural integration in mergers and acquisitions: Points of agreement, paradoxes, and avenues for future research', in Günter K. Stahl and Mark E. Mendenhall (eds), *Mergers and Acquisitions: Managing Culture and Human Resources* (Stanford: Stanford Business Books) :401-11.

27) Szulanski, Gabriel and Sidney Winter (2002) 'Getting it right the second time', *Harvard Business Review*, January: 62-9.

28) Zollo, Maurizio and Harbir Singh (2004) 'Deliberate learning in corporate acquisitions: Post-acquisition strategies and integration capability in U.S. bank mergers', *Strategic Management Journal*, vol. 25, issue 13: 1233-56.

29) Zollo, Maurizio (2005) 'Superstitious learning revisited: Outcome ambiguity and confidence traps in corporate acquisitions', INSEAD Working Paper.

11) Graebner, Melissa (2004) 'Momentum and serendipity: How acquired leaders create value in the integration of technology firms', *Strategic Management Journal*, vol. 25, issue 8/9: 751-77.

12) Graebner, Melissa and Kathleen Eisenhardt (2004) 'The seller's side of the story: Acquisition as courtship and governance as syndicate in entrepreneurial firms', *Administrative Science Quarterly*, vol. 49, issue 3: 366-403.

13) Haleblian, Jerayr and Sydney Finkelstein (1999) 'The influence of organizational acquisition experience on acquisition performance: A behavioral learning perspective', *Administrative Science Quarterly*, vol. 44, issue 1: 29-56.

14) Haspeslagh, Philippe C. and David B. Jemison (1991) *Managing Acquisitions: Creating Value through Corporate Renewal* (New York: Free Press).

15) Hayward, Matthew L. A. (2002) 'When do firms learn from their acquisition experience? Evidence from 1990 to 1995', *Strategic Management Journal*, vol. 23: 21-39.

16) Homburg, Christian and Matthias Bucerius (2006) 'Is speed of integration really a success factor of mergers and acquisitions ? An analysis of the role of internal and external relatedness', *Strategic Management Journal*, vol. 27: 347-67.

17) Jemison, David B. and Sim B. Sitkin (1986) 'Acquisitions: The process can be a problem', *Harvard Business Review*, March-April: 107-16.

18) Lawson, Emily and Colin Price (2003) 'The psychology of change management', *McKinsey Quarterly*, Special Edition: Organization: 31-41.

19) Pablo, Amy L and Sim B. Sitkin (2004) 'The neglected importance of leadership in mergers and acquisitions', in Amy L. Pablo and Mansour Javidan (eds), *Mergers and Acquisitions: Creating Integrative Knowledge* (Malden, MA: Blackwell Publishing): 209-23.

20) Puranam, Phanish, Harbir Singh and Maurizio Zollo (2005) 'Organizing for innovation: Managing the coordination-autonomy dilemma in technology acquisitions', *Academy of Management Journal* (この論文はPDFで公開されており、以下のアドレスからダウンロード可能:http://papers.ssrn.com/sol3/papers.cfm?abstract_id=740464)

21) Schweiger, David M. and Angelo S. DeNisi (1991) 'Communication with employees following a merger: A longitudinal field experiment', *Academy of Management Journal*, vol. 34, issue 1: 127-38.

【参考文献】

1) Albizzatti, Nicolas J., Scott A. Christofferson and Diane L. Sias, 'Smoothing postmerger integration', www.mckinseyquarterly.com, September 2005.

2) Ashkenas, Ronald N., Lawrence J. DeMonaco and Suzanne C. Francis (1998) 'Making the deal real: How GE capital integrates acquisitions', *Harvard Business Review*, Jan.-Feb.: 165-78. (Harvard Business Review 編『成長戦略論』ダイヤモンド社、2001 年、第 8 章「GM キャピタルによる事業統合のマネジメント」として収録)

3) Bauman, Robert P., Peter Jackson and Joanne T. Lawrence (1997) *From Promise to Performance: A Journey of Transformation at SmithKline Beecham* (Boston: Harvard Business School Press).

4) Bekier, Matthias and Michael J. Shelton (2002) 'Keeping your sales force after the merger', *McKinsey Quarterly*, 2002, no. 4: 106-15.

5) Bower, Joseph L. (2001) 'Not all M&As are alike - and that matters', *Harvard Business Review*, March 2001: 93-101.

6) Buono, Anthony F. and James L. Bowditch (1989) *The Human Side of Mergers and Acquisitions: Managing Collisions between People, Cultures, and Organizations* (San Francisco: Jossey-Bass). (アンソニー・F・ブオノ、ジェイムズ・L・バウディッチ著『合併・買収の人材戦略: <人・組織・文化> 融合のためのケーススタディ』日経 BP 社、1991 年)

7) Cannella, Albert and Don Hambrick (1993) 'Effects of executive departures on the performance of acquired firms', *Strategic Management Journal*, vol. 14, Special Issue: 137-52.

8) Chatterjee, Sayan, Michael H. Lubatkin, David M. Schweiger and Yaakov Weber (1992) 'Cultural differences and shareholder value in related mergers: Linking equity and human capital', *Strategic Management Journal*, vol. 13, issue 5: 319-34.

9) Datta, Deepak K. (1991) 'Organizational fit and acquisition performance: Effects of post-acquisition integration', *Strategic Management Journal*, vol. 12, issue 4: 281-98.

10) DeNisi, Angelo S. and Shung-Jae Shen (1989) 'Psychological communication interventions in mergers and acquisitions', in Günter K. Stahl and Mark E. Mendenhall (eds), *Mergers and Acquisitions: Managing Culture and Human Resources* (Stanford: Stanford Business Books): 228-49.

◉著者紹介

デビッド・フビーニ

(David Fubini)

マッキンゼー・アンド・カンパニー ボストン支社 ディレクター。約10年間、ボストン支社で世界中の合併後のマネジメントを担当し、北アメリカ地域の組織問題リーダーでもある。またボストン支社長を10年以上務めている。25年以上にわたる同社でのキャリアにおいて、世界最大規模のM&Aに20件以上かかわっている。また組織改革の分野でも著しい功績がある。ハーバード・ビジネススクールを卒業している。

コリン・プライス

(Colin Price)

マッキンゼー・アンド・カンパニー ロンドン支社 ディレクター。ロンドン支社の組織問題グローバル・ナレッジ・リーダーでもある。組織デザイン、リーダーシップ開発、行動変化、合併後のマネジメントに関するコンサルティングを、50カ国以上の国々で20年にわたり行い、世界中の大手グローバル企業に対しても多くのアドバイスをしている。バース大学経営大学院の客員教授であり、同校の諮問委員でもある。経済学、心理学、組織行動論の学位を持っている。

マウリツィオ・ゾロ

(Maurizio Zollo)

INSEADでビジネスと環境を専門とする特別研究員であり、戦略論の助教授でもある。研究分野は、M&Aおよび戦略的提携のマネジメントにおける優れた組織的能力の開発である。INSEADでは、MBAから経営幹部にいたるあらゆるレベルの人たちに、これらのテーマを教えている。ペンシルバニア大学ウォートン校で経営学の博士号を取得している。

◉訳者紹介

清川幸美

(きよかわ・ゆきみ)

津田塾大学国際関係学科卒業。訳書に『ITにお金を使うのは、もうおやめなさい』(ランダムハウス講談社)、『虚妄の帝国の終焉』(共訳、ディスカヴァー・トゥエンティワン)、『イエロー・サブマリン航海記』(ブルース・インターアクションズ) などがある。

◉監訳者紹介

横山禎徳

（よこやま・よしのり）

1966年東京大学工学部建築学科卒業。前川國男建築設計事務所で建築デザインの修業。72年ハーバード・デザイン大学院で都市デザイン修士号取得後、ニューヨーク市で建築・都市デザインに従事。75年MITスローン大学院で経営学修士号取得後、マッキンゼー・アンド・カンパニーに入社し、企業戦略立案とその実施のための組織デザインを中心にコンサルティング活動。87年にディレクター（シニア・パートナー）、89年から94年まで東京支社長を兼務。2002年定年退職。現在は日本とフランスで2カ所居住をし、「社会システム・デザイン」という新しい分野の確立と発展に向けて活動中。主な著書に『アメリカと比べない日本——世界初の「先進課題」を自力解決する』（ファーストプレス）。2006年から、INSEADのナショナルカウンシル・メンバーも務めている。

ポストM&A　リーダーの役割

2007年5月1日 第1刷発行

◉著　者　デビッド・フビーニ
コリン・プライス
マウリツィオ・ゾロ

◉監訳者　横山 禎徳
◉訳　者　清川 幸美
◉発行者　上坂 伸一
◉発行所　株式会社ファーストプレス
〒107-0052 東京都港区赤坂4-6-3
電話 03-5575-7671（編集）
03-5575-7672（営業）
http://www.firstpress.co.jp

装丁◉遠藤陽一
本文デザイン◉株式会社デザインワークショップジン
翻訳協力◉株式会社トランネット（http://www.trannet.co.jp）
印刷◉萩原印刷株式会社
製本◉株式会社積信堂
編集担当◉小林 豊

ISBN 978-4-903241-48-7

ライトワークス ビジネスベーシック シリーズ 第1弾

コーチング

山田淳子+井上将司=著
ライトワークス=監修

コーチングとは、
「人が本来持っている能力や可能性を、
最大限に発揮するためのサポートをすること」である。

定価1260円（税5％）
ISBN978-4-903241-34-0

ライトワークス ビジネスベーシック シリーズ 第2弾

ファシリテーション

山崎将志=著
ライトワークス=監修

ファシリテーションとは、
「会議において合理的に結論を導き、
合意形成を図る技術」である。

定価1260円（税5％）
ISBN978-4-903241-35-7

ライトワークス ビジネスベーシック シリーズ 第3弾

仮説思考

江口夏郎+山川隆史=著
ライトワークス=監修

仮説思考とは、
「現在入手できる情報から、
最もありそうな仮の結論を考え出して、
それをベースに行動していくという考え方」である。

定価1260円（税5％）
ISBN978-4-903241-36-4

ライトワークス ビジネスベーシック シリーズ 第4弾

マーケティング

加治慶光+山本和隆=著
ライトワークス=監修

マーケティングとは、
「製品やサービスが
売れる仕組みをつくること」である。

定価1260円（税5％）
ISBN978-4-903241-43-2

FIRST PRESS http://www.firstpress.co.jp/